AF309900

APERÇU HISTORIQUE

DES

AFFAIRES D'ORIENT

PAR

ADOLPHE POTEL

PARIS

ERNEST THORIN, ÉDITEUR

LIBRAIRE DU COLLÈGE DE FRANCE, DE L'ÉCOLE NORMALE SUPÉRIEURE,
DES ÉCOLES FRANÇAISES D'ATHÈNES ET DE ROME,
DE LA SOCIÉTÉ DES ÉTUDES HISTORIQUES

7, RUE DE MÉDICIS, 7

APERÇU HISTORIQUE

DES AFFAIRES D'ORIENT

Imprimerie Générale de Châtillon-sur-Seine. — M. PÉPIN.

APERÇU HISTORIQUE

DES

AFFAIRES D'ORIENT

PAR

ADOLPHE POTEL

PARIS

ERNEST THORIN, ÉDITEUR,

LIBRAIRE DU COLLÈGE DE FRANCE, DE L'ÉCOLE NORMALE SUPÉRIEURE
DES ÉCOLES FRANÇAISES D'ATHÈNES ET DE ROME
DE LA SOCIÉTÉ DES ÉTUDES HISTORIQUES

7, RUE DE MÉDICIS, 7

1889

NOTICE BIBLIOGRAPHIQUE

—

Histoire de l'Empire Ottoman depuis son origine jusqu'à nos jours, par le baron de Hammer-Purgstall, traduit de l'allemand, par M. Dochez. 3 volumes 1840.

Histoire de l'Empire Ottoman depuis 1792 jusqu'en 1844, par le baron Juchereau de Saint-Denys, 1844.

Histoire de la Turquie, par M. de Lamartine.

Campagne des Russes en Turquie, (1828-1829), par le général de Moltke.

Les Balkans et l'Adriatique, les Bulgares et les Albanais, l'Administration en Turquie, le Panslavisme et l'Hellénisme, par Albert Dumont, 1873.

L'Angleterre et la Russie en Orient. Deroubaix.

Aperçu sommaire sur la Question d'Orient et sur les conditions de la paix, par Hugo Reuter, 1878.

Bosphore et Dardanelles. B. Nekludow, 1878.

Clefs de l'Orient, Alexandre Saint-Yves, 1877.

Considérations sur les phases de la Question d'Orient et la chute de l'Empire Ottoman, Europe, par H. Chauvin, 1876.

Etudes historiques sur la politique russe dans la Question d'Orient, par F. de Martens.

La France en Orient depuis les rois francs jusqu'à nos jours. aperçu historique, par Nonce Rosa, 1876.

L'Intérêt Allemand dans la Question d'Orient, par Léon Viguez.

Mémorial de Midhat-Pacha au prince de Bismarck.

L'Avenir de la Turquie, par Gabriel Chaumes, 1883.

Histoire de l'Empire Ottoman, par le vicomte de la-Jonquière, 1881.

Les Intrigues moscovites en Turquie, la vérité sur les massacres de Bulgarie, par D. Rugister-Belleyson.

Recueil des traités de la Porte avec les puissances étrangères, par le baron de Testa.

La Grèce et ses insurrections, par Ed. Texier, 1854.

Histoire du xixe siècle, Gervinus.

La Grèce et l'Angleterre en 1847, Question de l'emprunt grec.

La Révolution de Grèce, ses causes et ses conséquences, par François Lenormant, 1862.

Le roi Othon et la Grèce, 1862.

Mémoires de Metternich.

Mémoires du Chevalier de Gentz.

Histoire de la Monarchie de juillet, par Thureau-Dangin.

La Question d'Orient au xviiie siècle, Albert Sorel.

Histoire diplomatique de la guerre franco-allemande, par A. Sorel.

Négociations relatives au traité de Berlin, par le baron d'Avril.

Histoire d'une frontière, Georges Bibesco, (1883.)

Le Liban et la Syrie, Poujade, (1860.)

La France sous Louis XVI en Orient, par Pingard.

Une Ambassade en Orient, Vandal.

Les Atrocités turques en Bulgarie et la Question d'Orient, Gladstone, 1876.

La Bulgarie, par Louis Leger, 1885.

Cinq ans de règne; le prince Alexandre de Battenberg en Bulgarie.

Les deux Bulgaries, par Renouard fils.

Guerre de la Serbie contre la Turquie, 1877-78.

Histoire du Monténégro, par Maton, 1881.

Recueil de documents diplomatiques relatifs au Monténégro, avec une introduction, par B. Brunswick, (1876.)

Chronique de Moldavie, depuis le milieu du xive siècle jusqu'à l'an 1594, par Grégoire Mechi, (1878.)

Les droits riverains de la Russie sur le Danube, par F. de Hollzendorff, (1884.)

L'empereur Napoléon III et les principautés roumaines, par Armand Léon, (1858.)

Les Israélites en Roumanie, par Em. Crezzulesco.

APERÇU HISTORIQUE
DES AFFAIRES D'ORIENT

I

LA QUESTION D'ORIENT ET SES ORIGINES [1].

SOMMAIRE. — La question d'Orient. — Testament de Pierre le Grand. — Projet grec de Catherine II. — Guerre de 1768 et solution de la question d'Orient par le partage de la Pologne. — Traité de Koutchouk-Kaïnardji (1774). — Traité de Jassy (1792).

On a donné généralement le nom de question d'Orient à toutes les difficultés politiques qui ont pu s'élever sur l'étendue de l'empire ottoman ; difficultés provenant de trois faits distincts : faiblesse et décadence de la Turquie, prétentions de la Russie et de l'Autriche à exercer une influence prépondérante sur la péninsule balkanique, et lutte

1. Nous avons consulté pour ce chapitre l'*Histoire de la Russie*, de M. A. Rambaud, *La question d'Orient au xviiie siècle*, de M. A. Sorel. Voir également Gervinus, *Histoire du xixe siècle*, et l'*Histoire de l'Empire Ottoman*, par le Baron de Hammer-Purgstall (1840).

politique et religieuse des nationalités pour reconquérir leur indépendance : de sorte que trois héritiers attendent impatiemment l'ouverture de la succession ottomane, la Russie, l'Autriche et les peuples chrétiens. La question est la même, aujourd'hui qu'il y a un siècle, sauf que les derniers sont satisfaits, en partie du moins.

Depuis la décadence des Turcs, cette question a toujours suscité en Europe de graves complications. S'il fallait en rechercher l'origine, peut-être devrions-nous remonter jusqu'aux croisades, — mais cette lutte de la chrétienté contre l'islamisme n'a qu'un caractère purement religieux ; aussi n'étudierons-nous cette question que du jour où elle acquiert un caractère politique, dès qu'un nouvel empire apparaîtra en Europe et fera entrer la question d'Orient dans une nouvelle phase : les puissances ne se ligueront plus pour chasser le Turc d'Europe, mais pour l'y maintenir ou se partager ses dépouilles.

Les peuples soumis aux Osmanlis étaient tous de la même religion que le peuple moscovite ; la religion et la politique sont donc deux facteurs puissants permettant à la Russie de s'intéresser à ces peuplades chrétiennes ; c'est tout à la fois une œuvre de conquête et de délivrance. Le czar Pierre le Grand semble le premier avoir compris toute l'importance du rôle que la Russie pouvait jouer en portant intérêt aux chrétiens subjugués par les Turcs : aussi ne négligea-t-il rien pour accélérer la décadence ottomane que la guerre turco-russe de 1699, terminée par la paix de Carlowitz, attestait déjà; mais la nation russe était trop jeune, et lui-même n'eut pas le temps de commencer l'œuvre qu'il indiquait à ses successeurs dans son testament : « Approcher le plus possible de Constantinople et des Indes; celui qui y régnera, sera le vrai souverain du monde [1]. » Tel fut le plan grandiose de Pierre Ier, tel sera, nous le verrons, le plan scrupuleusement suivi par tous les czars.

A cette époque, l'Angleterre n'a pas encore fixé sa politique sur cette question : elle ne possède pas encore l'empire des Indes tout entier; elle est au contraire l'alliée de la Russie, car ce sont les Français qui sont les maitres des Indes; et d'ailleurs, la Russie est un des meilleurs clients pour le commerce britannique, et cette puissance n'a pas encore de flotte dans la mer Noire.

La France, après avoir été la plus acharnée à refouler le Turc en Asie, semble dès le xvie siècle renoncer à la lutte; c'est en vain que Léon X prépare une nouvelle croisade; qu'Henri IV et Sully projettent « *un grand dessein* » peut-être légendaire, contre les Turcs. L'opinion publique est lasse des croisades et s'habitue à voir le Turc « *campé en Eu-*

1. Le czar Pierre Ier indiquait les moyens, pour y arriver, dans son testament § XI : « Intéresser la Maison d'Autriche à chasser le Turc de l'Europe et neutraliser ses jalousies lors de la conquête de Constantinople, soit en lui suscitant une guerre avec les anciens Etats de l'Europe, soit en lui donnant une portion de la conquête qu'on lui reprendra plus tard. S'attacher et réunir autour de soi tous les Grecs désarmés ou schismatiques qui sont répandus en Turquie. »

rope [1] » et la France de Louis XIV n'aurait plus l'ardeur fanatique des croisés à combattre l'allié de François Ier. Toutefois l'alliance de la France avec le Sultan, commandée par les circonstances, n'empêchait pas les Français de combattre les Turcs à chaque occasion et les événements ont justifié cette parole d'un grand vizir à l'ambassadeur de Louis XIV : « Nous rencontrons partout dans les rangs de nos ennemis les Français qui se disent nos amis. » Les Papes eux-mêmes songeront plutôt à protéger et à accroître leurs Etats qu'à délivrer la Terre Sainte.

Toutefois, si l'on parlait en Occident de « chasser le Turc, » on ne pensait pas encore à le remplacer. La France, la première, comprendra son intérêt lorsque la Russie, à peine formée, voudra résoudre la question pour son propre compte, et Montesquieu avait raison de dire [2] : « L'empire des Turcs est à présent à peu près dans le même degré de faiblesse où était autrefois celui des Grecs ; mais il subsistera longtemps ; car si quelque prince que ce fût mettait cet empire en péril, en poursuivant ses conquêtes, les trois puissances commerçantes de l'Europe connaissent trop leurs affaires pour n'en pas prendre la défense sur-le-champ.

» C'est leur félicité que Dieu ait permis qu'il y ait dans le monde des nations propres à posséder inutilement un grand empire. »

1. L'expression est de Joseph de Maistre.
2. Montesquieu, *Grandeur et décadence des Romains*, chap. XXIII.

Cette appréciation aussi juste qu'ironique constituait une merveilleuse prophétie politique.

Pierre le Grand avait tracé la voie, il avait le premier parlé des Grecs, des Valaques, des Bulgares et des Serbes; c'était un premier appel aux nationalités.

Ce n'est qu'à l'avénement de Catherine II (1762) que la Russie s'engagera dans cette politique qu'elle conserve encore de nos jours, mais il sera déjà trop tard pour en profiter seule.

Pour arriver à son but, la *Sémiramis du Nord* n'épargnait rien, elle envoyait des agents dans les principautés danubiennes, en Grèce, en Crète; Alexis Orloff avait la mission délicate de préparer les insurrections.

A cette époque la Pologne était également l'objet des ambitions des trois cours de Prusse, de Russie et d'Autriche. La France était alors trop faible pour inquiéter l'une de ces trois puissances ou pour secourir la Pologne : toutefois, Choiseul crut la servir en excitant les Turcs contre les Russes. M. de Vergennes, ambassadeur de France à Constantinople, s'y employait activement; ils réussirent à précipiter les événements, confiants dans la puissance légendaire de la Sublime Porte. Celle-ci protesta contre les agissements de la Russie en Pologne et demanda l'évacuation de ses troupes : ces réclamations restèrent lettre-morte. Aussi ne suffit-il que d'une violation de frontière par les Russes à Balta, pour que les Turcs y trouvent l'occasion de déclarer la guerre à la Russie. Dès la rupture (1768), M. de

Vergennes envoie un émissaire au khan de Crimée pour l'engager à secourir la Turquie. Choiseul cherche à détacher Frédéric de la Russie. Mais ce prince préfère conserver son alliance avec la Russie, car il avait déjà conçu son fameux projet de partage de la Pologne, projet qui devait si bien réussir.

Cette guerre dura cinq ans et fut un triomphe continu pour Catherine; pendant que le prince Dolgorouki s'emparait du sud de la Russie, une autre armée traversait la Valachie, et s'avançait en Bulgarie; les Grecs s'insurgeaient également à la vue d'une flotte russe, qui, partie de la mer Baltique, était arrivée sur les côtes de Morée.

L'Europe s'alarma des succès si rapides de la Russie: Louis XV ne pouvant secourir le Sultan, lui fournit des vaisseaux de guerre. L'Angleterre elle-même sur les observations de son ambassadeur à Constantinople, Murray, semblait s'agiter; elle comprenait enfin le danger, et William Pitt se fera le promoteur de la nouvelle politique anglaise par cette parole célèbre: « Je ne discute pas avec quiconque me dit que le maintien de l'empire ottoman n'est pas pour l'Angleterre une question de vie ou de mort. » L'évolution allait bientôt s'accomplir, mais elle ne pouvait rompre encore avec la Russie, la flotte russe étant composée de vaisseaux et d'officiers de la marine anglaise.

De guerre lasse, le 12 août 1770, le Sultan demande à Frédéric et à Joseph II de lui prêter leur médiation. Ces deux monarques avaient à ce moment une entrevue secrète à Neustadt, où ils se concertaient sur les affaires de Pologne : Frédéric profita de la demande de médiation pour tenter de résoudre la question de Pologne par la question d'Orient.

La Czarine ne voulait traiter que directement avec le Sultan ; elle demandait la cession d'Azof, l'indépendance de la Moldavie et de la Valachie, des Tatars de Crimée, une île dans l'Archipel, la liberté de navigation dans la mer Noire et une amnistie complète pour les insurgés grecs : c'était rendre toute médiation impossible avec de pareilles exigences ; Frédéric écrivait à son frère : « Les cornes me sont venues à la tête, lorsque j'ai reçu les propositions de paix que les Russes présentent ; en vérité elles ne sont pas acceptables [1]. »

L'Autriche armait pour contraindre les Russes à accepter la médiation, et lorsque ceux-ci entraient en Bulgarie, l'empereur Joseph prenait possession du district de Zips, en Hongrie, mettant ainsi à exécution le plan de Frédéric sans qu'il s'en doutât ; aussi plus tard voulut-il rendre ce district, mais comme Frédéric en avait fait autant de son côté, il lui fut impossible de renoncer à cette nouvelle possession ; il sembla un moment abandonner le roi de Prusse, en voulant secourir les Turcs avec lesquels il avait conclu dans la nuit du 6 au 7 juillet 1771 un traité d'alliance moyennant un subside de 12,000,000 de florins et la cession de la Valachie à l'Autriche.

Ce revirement dans la politique autrichienne

1. *La question d'Orient au* XVIIIe *siècle*. A. Sorel.

n'intimida pas Frédéric; il fit des ouvertures à Catherine, et, disait-il : « Si cela est une fois conclu, je me moque des Autrichiens. »

Choiseul, l'ennemi de Catherine, avait contribué à rapprocher l'Autriche de la Turquie, mais sitôt la chute du ministre français, une détente se produisit entre les cours d'Autriche et de Russie; Catherine se résigna à accepter la médiation et, en janvier 1771, les trois cours commencèrent à s'entendre sur les affaires de Pologne et d'Orient. L'Autriche et la Russie furent amenées à subir l'habile diplomatie du Grand Frédéric : néanmoins, bien que la Russie n'ait pas eu toute sa liberté sur le Danube, elle se réservait un traité que Kaunitz, le chancelier de Vienne, considéra comme l'arrêt de mort de l'empire ottoman.

Un congrès s'était réuni en 1772 à Fokchany sans avoir pu résoudre aucune condition de paix entre les belligérants; la guerre recommença et fut l'objet de nouveaux triomphes pour les Russes ; le sultan Abdul-Hamid consentit enfin à signer le traité de Koutchouk-Kaïnardji (1774).

Ce traité ne procurait à la Russie que des avantages purement diplomatiques. La Porte reconnaissait l'indépendance des Tatars du Boug, de Crimée et du Kouban ; elle cédait Azof, Kinburn à la Crimée; les détroits étaient ouverts aux navires marchands russes : les négociants russes devaient être traités dans les mêmes conditions que les négociants français ; une amnistie complète était accordée aux chrétiens insurgés ; le gouvernement ottoman per-

mettait aux ambassadeurs russes d'intervenir en faveur de ses sujets des principautés danubiennes et
devait payer une indemnité de 4,500,000 roubles.

Par ce traité la Russie se réserve le droit d'intervenir en Turquie en faveur des chrétiens ortho-
doxes qu'elle déclare être ses sujets : la gravité de
cette clause ne peut échapper à personne; aussi
sera-t-elle l'objet de bien des griefs.

Catherine II ne craignit plus de provoquer les
Turcs; elle s'annexa en 1783 la Crimée, reconnue indépendante par le traité de Kainardji; la Porte fit
des protestations, elle menaçait même de rompre; la
France, cette fois, la retint et l'engagea à signer le
traité de Constantinople (1783) reconnaissant l'annexion.

La « sainte et orthodoxe » Catherine poursuivait
avec l'espérance de nouveaux succès, ses projets de
démembrement de l'empire turc, que nous connais-
sons sous le nom de *Projet Grec* ou de *Grand Projet*: déjà en 1770 Voltaire lui écrivait : « Je ne puis
me défendre de redire à Votre Majesté que son projet est le plus grand et le plus étonnant qu'on ait
jamais formé, que celui d'Annibal n'en approchait
pas. »

Elle voulait relever l'empire de Byzance et placer
son petit-fils sur le trône de Tsarigrad. Elle fit ses
propositions à Vienne : créer entre les trois empi-
res un État intermédiaire sous le nom de Dacie,
comprenant la Moldavie, la Valachie et la Bessarabie. La Russie prendrait Otchakof et la région située
entre le Boug et le Dniéper et laisserait à l'Autri-

che les provinces turques limitrophes de son empire. Joseph, non satisfait, réclamait la Dalmatie donnant à Venise en échange de cette concession, la Morée, Candie et Chypre.

L'impératrice de Russie croyait pouvoir réaliser son grand projet ; elle préparait des armements considérables, voyageait dans le sud de la Russie[1] ; mais comme le disait avec raison l'empereur Joseph : « Tout cela serait très bien, s'il n'y avait que nous deux en Europe. »

Frédéric ne s'effrayait pas de ces projets, car il savait bien que Joseph avait trop de jugement pour partager les vues ambitieuses de la Czarine et qu'il ne se souciait pas d'augmenter la puissance de la Russie : « Il faut déjà hurler avec les loups. » Cette parole de l'empereur d'Autriche à son chancelier Kaunitz résumait sa politique : cependant il hurla si bien qu'il laissa la Russie s'emparer de la Crimée et se vit obligé de suivre la politique russe.

Le traité de 1774 ne devait pas tarder à produire ses funestes conséquences; les Russes abusaient des conventions, et les Turcs n'étaient pas assez patients pour supporter plus longtemps un traité aussi onéreux. Dans l'été de 1787, l'hospodar de Valachie, Mavrocordatos, ayant commis certains abus de pouvoir, il n'en fallut pas davantage pour irriter la Sublime Porte qui demanda à l'envoyé russe, Boulgarof, l'extradition de Mavrocordatos,

1. Elle fit frapper des médailles, représentant d'un côté son effigie et, de l'autre, deux femmes, l'une montrant une étoile, et l'autre la basilique de Sainte-Sophie de Constantinople.

le rappel des consuls russes de Jassy, de Bucharest, l'abandon du protectorat russe sur le tsar de Géorgie, dépendant de l'autorité du Sultan, le droit de visiter tous les navires russes passant par les détroits.

Le refus de la Russie ne se fit pas attendre et l'ambassadeur Boulgarof fut mis au château des sept tours; c'était ainsi que la Porte notifiait une déclaration de guerre.

L'Angleterre, de concert avec la Prusse avait vivement poussé les Turcs à déclarer la guerre à la Russie; le traité de Kaïnardji avait rompu pour toujours l'alliance anglo-russe. La France seule s'efforça de retenir la Porte.

L'empereur Joseph II, crut également le moment venu d'agir, pour avoir sa part au démembrement; l'Autriche, au mois de décembre 1787 risqua un coup de main sur Belgrade, ce fut un échec complet; cependant la lutte fut acharnée et dura quatre années. La mort de Joseph II suivie de l'avénement de son frère Léopold II amena la paix de Sistova (5 août 1791) entre l'Autriche et la Turquie; quelques mois plus tard la Porte signait également le traité de Jassy avec Catherine (janvier 1792).

A l'Autriche le sultan abandonnait Orsova et le territoire de l'Unna; la Russie conservait Otchakof et ce que lui assurait le traité de 1774.

On pourrait s'étonner qu'après une guerre aussi laborieuse, les vainqueurs ne se soient pas montrés plus exigeants, si on ne savait qu'à la même époque, l'Autriche avait à réprimer des soulève-

ments dans les Pays-Bas, que la Russie était
menacée par Gustave III de Suède qui épiait les
mouvements de la Russie, que toute l'Europe était
sous le coup d'une guerre générale et qu'enfin la
Révolution française ébranlait le vieux monde et
commençait à attirer l'attention des monarques.
L'intérêt se déplace; du Danube, il se portera
bientôt sur le Rhin.

II

DU TRAITÉ DE JASSY (1792) AU TRAITÉ DE BUCHAREST (1812).

SOMMAIRE. — Alliance franco-turque. — Entrevues de Tilsitt et d'Erfurth. — Insurrection serbe. — Traité de Bucharest (1812).

Bien qu'ayant à lutter contre l'Europe monarchique, la Révolution française n'en fut pas moins saluée par tous les peuples opprimés avec le même enthousiasme : cette nouvelle ère de liberté et de justice devait être le signal d'un puissant mouvement des nationalités à la conquête de leur indépendance. Aussi les peuples qui subissaient le joug ottoman furent-ils des premiers à tourner leurs regards vers l'Occident; la Russie n'ayant pu rien faire dans les guerres précédentes pour les chrétiens qu'elle réclamait comme étant ses sujets; au contraire, après avoir fomenté des insurrections en Grèce, Catherine II les abandonna à elles-mêmes, ou plutôt à la répression barbare des Turcs.

Déjà en 1797 Bonaparte avait envoyé des agents en Grèce se renseigner sur l'état des esprits; il leur fut répondu ceci : « Qu'il ne fallait que la présence de Bonaparte, pour porter les limites gallo-grecques jusque sur les rives du Bosphore [1]. »

L'expédition française d'Egypte avait suscité parmi les peuples d'Orient certaines espérances qui ne tardèrent pas à être déçues; Bonaparte poursuivait deux buts dans cette campagne : atteindre l'Angleterre dans les Indes, et recueillir une part dans l'héritage éventuel de l'empire ottoman. On connaît l'histoire de cette campagne aussi glorieuse qu'inutile [2].

Pendant les premières années du siècle, Napoléon et le czar Alexandre Ier se disputèrent l'alliance de la Porte; ils y voyaient l'un et l'autre un puissant auxiliaire pour se combattre; mais il ne fallut rien moins que la victoire d'Austerlitz pour décider le sultan Sélim III à se rapprocher de la France et à reconnaître à Napoléon le titre de *Padischah des Français;* il avait de la peine à oublier l'expédition d'Egypte. Alexandre Ier avait proposé au Sultan une alliance offensive et défensive contre la France, à condition de mettre sous la protection du Czar les sujets chrétiens de la Porte.

1. *Histoire du* xixe *siècle*, de Gervinus.
2. Pendant la campagne d'Italie, à Ancône, Bonaparte disait : « En vingt-quatre heures on va d'ici en Macédoine. »

Après la bataille d'Iéna, Sélim envoie à Berlin un ambassadeur féliciter Napoléon et lui promettre l'alliance de la Turquie.

Les hospodars de Valachie et de Moldavie étaient deux créatures russes, Ypsilanti et Manizi, ne cherchant qu'à créer des embarras à la Porte; celle-ci forte de l'appui de Napoléon, les révoqua au mépris du traité de Koutchouk-Kaïnardji. Aussitôt le gouvernement russe dirige 60,000 hommes vers les principautés ; cette rupture servait les combinaisons de Napoléon, car c'était avant la bataille d'Iéna; une armée française établie en Dalmatie avait pour mission d'aider ou de combattre les Turcs suivant leur attitude. Sur ces entrefaites, l'Empereur envoya à Constantinople le général Sébastiani dans le but d'exciter les Turcs contre le Czar, en leur prouvant que le moment était venu pour eux de relever l'étendard du Prophète [1].

Le ministre russe à Stamboul [2], d'Italinski sembla effrayer de ses menaces le Divan, qui promit de se conformer au traité de 1774 et de rétablir les Hospodars : ce n'était qu'une de ces feintes dont la diplomatie turque est coutumière; en effet, tandis qu'elle se soumettait aux réclamations russes, le sultan Sélim envoyait un message secret au vainqueur d'Austerlitz lui déclarant que cette sou-

1. Voir la réception de Sébastiani par le sultan Sélim dans Lamartine. *Histoire de la Turquie*, tome **VI**.

2. *Stamboul,* de εἰς τὴν πόλιν par corruption, les Grecs appelaient Constantinople πόλις comme les Romains appelaient Rome *Urbs.*

mission à la Russie était apparente et non réelle, et qu'elle était due à la désorganisation de l'armée turque, et qu'enfin l'alliance franco-turque était plus ferme que jamais. Le général Sébastiani néanmoins, s'efforça d'amener la rupture de manière à diviser les forces de la Russie; il entretenait le Divan dans de chaudes espérances, promettant la révocation du traité de Kaïnardji et la reconstitution du royaume de Pologne.

Devant cette indécision calculée du gouvernement ottoman, la Russie se mit en action de concert avec l'Angleterre. L'armée russe franchit le Pruth et la flotte anglaise entrait dans la mer de Marmara, tandis que quelques autres vaisseaux allaient bloquer Alexandrie. Ce n'était pas le Turc que ces puissances voulaient atteindre, mais l'allié de la France.

D'Italinski, après la remise des passeports, protesta en déclarant que la Russie ne voulait occuper les principautés que pour mieux garantir le traité de 1774. Le ministre anglais, Charles Arbuthnot s'associa à l'ambassadeur russe, demandant son rappel, l'expulsion du général Sébastiani et le renouvellement des traités de la Porte avec l'Angleterre et avec la Russie, sous peine de rupture immédiate.

Tant d'exigences, soutenues par une armée et une flotte épouvantèrent le Divan, et sa consternation fut telle qu'il se fût disposé à céder, si l'ambassadeur français, aussi ingénieux diplomate qu'habile militaire, n'avait eu assez de fermeté pour relever la confiance des Turcs et leur reprocher leur faiblesse.

Les conseils énergiques de Sébastiani prévalurent; la Porte repoussa les propositions anglaises et le 29 janvier 1807 le ministre d'Angleterre quitta Constantinople se rendant à bord de la flotte britannique, mouillée à Ténédos ; celle-ci apparut devant la Corne d'Or en février 1807, après avoir franchi les Dardanelles sans aucune résistance. Sir Arbuthnot remit au gouvernement turc un nouvel ultimatum, exigeant que la Porte déclarât la guerre à la France, qu'elle remît sa flotte à l'amiral anglais, et enfin qu'elle laissât occuper le Bosphore et les Dardanelles par les Anglais et les Russes.

De pareilles conditions produisirent un effet tout autre que celui qu'attendaient les Anglais ; les Turcs prirent leur parti de résister énergiquement et leur joie fut grande quand arriva, fort à propos d'ailleurs, une lettre de Napoléon informant le Sultan qu'une armée française descendait le Danube pour surprendre les Russes et qu'une flotte était partie de Toulon pour le Bosphore.

Le Divan résolut donc de tenir bon ; et sur les conseils de Sébastiani, on prépara aussitôt la défense et les armements nécessaires pendant qu'on chercherait à ouvrir les négociations avec les Anglais et à les faire durer le plus longtemps possible : on demanda tout d'abord à l'amiral anglais qu'il s'éloignât avec sa flotte avant d'entamer tout pourparler : après neuf ou dix jours d'attente les Anglais craignirent qu'on leur fermât les Dardanelles

et demandèrent à la Porte de leur indiquer un endroit pour ouvrir les négociations; celle-ci répondit
que l'exaspération des Turcs ne permettait pas de
désigner un endroit où l'on pourrait négocier en
toute sécurité : c'était en réalité une fin de non-recevoir; l'amiral anglais le comprit et son escadre
revint devant Constantinople, mais pour y éprou-
ver une amère déception : quinze jours avaient suffi,
en effet, à Sébastiani pour établir trois cents batte-
ries, prêtes à foudroyer une escadre assez hardie
pour ouvrir le feu sur Constantinople; et d'ailleurs
n'ayant aucune troupe de débarquement, l'amiral
britannique ajourna ses projets et regagna l'Archipel.

Ce succès inaccoutumé aux Turcs ne devait pourtant pas profiter au sultan Sélim III. Par un de ces
événements si fréquents en Turquie, les ennemis
de l'alliance française l'emportèrent, et après avoir
indignement déposé Sélim dans une émeute, appe-
lèrent Mustapha à lui succéder. Sélim avait l'intention d'opérer certaines réformes en Turquie; or
toute réforme déplait aux Turcs. Le changement
d'attitude de la Porte vis-à-vis de la France coïnci-
dait avec l'entrevue de Tilsitt. Le vainqueur d'Iéna
en profita pour revenir à ses premières idées, qu'il
avait lors de l'expédition d'Égypte; il pensait qu'en
partageant l'empire ottoman avec la Russie, il ob-
tiendrait son alliance et anéantirait du même coup
l'Angleterre.

Les deux empereurs se concertèrent à Tilsitt sur
les affaires d'Europe; mais la question d'Orient fut

l'objet principal de leurs secrets entretiens. Napoléon permit au Czar d'occuper de suite les Principautés Danubiennes, à condition de rompre avec l'Angleterre ; et suivant le plan des deux souverains, la Russie aurait acquis la Bessarabie, la Moldavie, la Valachie, la Bulgarie jusqu'aux Balkans ; Napoléon prenait l'Albanie, la Thessalie, la Morée, Candie : on voulait bien accorder à l'Autriche la Bosnie et la Serbie.

Ce fut une première idée de partage ; les Turcs conservaient Constantinople, la Roumélie, l'Asie Mineure et l'Egypte ; le czar Alexandre aurait bien désiré planter la croix sur la basilique de Sainte-Sophie ; il en parlait à Napoléon ; mais celui-ci n'hésita pas à lui répondre : « Constantinople ! Constantinople ! jamais ! c'est l'empire du monde [1] ! »

Toutefois le Czar fut satisfait pour le moment ; il conclut une alliance intime avec son généreux vainqueur, qui s'engageait à offrir sa médiation au Sultan dans le but de le rapprocher de la Russie ; en cas de refus de la Porte, les deux souverains devaient exécuter le plan de Tilsitt, l'un s'arrêterait aux Balkans et l'autre à Salonique.

On sait quel fut l'échec de ce plan grandiose : Napoléon avait repris ses aventures en Espagne ; le Czar, de son côté, venait d'échouer dans une expédition de Finlande. Sur le bruit des armements de l'Autriche, les deux amis de Tilsitt jugèrent à propos de resserrer leur alliance par une nouvelle en-

1. Thiers, *Histoire du Consulat et de l'Empire*.

trevue qui eut lieu à Erfurth (septembre 1808). Napoléon fit remarquer au Czar que l'occasion n'était pas encore venue d'exécuter les projets élaborés à Tilsitt ; en effet, l'Angleterre, la Suède, l'Autriche, la Turquie, l'Espagne étaient les ennemis déclarés des deux souverains ; Alexandre dut perdre aussi tout espoir sur la possession des détroits, et devait se contenter seulement de la Moldavie et de la Valachie.

Ces projets ajournés déplurent au Czar qui finit par abandonner ses idées de partage avec l'Empereur des Français ; et d'ailleurs ne craignait-il pas, suivant Metternich « de partager le gâteau avec de plus forts mangeurs que lui et d'établir encore plus de contact avec la France ! »

Talleyrand avait engagé l'empereur Napoléon à faire entrer l'Autriche dans l'alliance franco-russe ; aussi l'Empereur avait-il entretenu Metternich du partage de la Turquie : « La Serbie, disait-il au chancelier autrichien, doit vous appartenir un jour ; je ne crois pas de mon intérêt de provoquer la chute de l'empire ottoman ; sa destruction n'est pas davantage du vôtre ; si vous voulez faire occuper Belgrade, je ne m'y opposerai pas, mais je ne puis admettre un hospodar sous la garantie et la protection russe, ni la moindre usurpation de cette puissance sur la rive droite du Danube ; un pouce de terrain sur la rive droite entre les mains des Russes serait à mon avis autant que la destruction consommée de l'empire ottoman [1]. »

1. *Mémoires de Metternich*, tome II.

Suivant l'entente conclue avec Napoléon, le Czar venait de mettre la main sur les principautés, ses troupes entraient en Bulgarie, s'emparant de toutes les forteresses du Danube et arrivaient en 1811 au pied des Balkans. De tels succès devaient rester stériles, car la politique européenne prenait une nouvelle orientation : Metternich, si habile dans l'art des intrigues, réussit à dominer l'esprit du Czar et à lui faire croire que l'Europe ne serait tranquille que lorsque Napoléon serait abattu. Alexandre prit ouvertement parti pour l'Autriche contre la France ; l'armée russe fut rappelée des Balkans ; et le Czar se hâta de faire signer la paix de Bucharest (1812), heureux de pouvoir concentrer ses armées contre l'allié de Tilsitt.

Par le traité de Bucharest, la Russie renonçait à la Moldavie et à la Valachie, mais conservait la Bessarabie avec les forteresses de Khotin et de Bender ; les hospodars de Valachie et de Moldavie étaient réintégrés dans leurs fonctions ; les anciennes conditions du traité de Kaïnardji étaient maintenues ; l'article 8 du traité garantissait l'autonomie des Serbes et une amnistie en leur faveur.

Les combinaisons de Tilsitt et d'Erfurth se trouvèrent détruites à jamais [1].

Pendant ces grandes luttes de l'Europe, un petit peuple des Balkans voulut en profiter pour s'affranchir de la domination turque. Deux Serbes,

---

1. Consulter l'*Histoire de la Russie*, de M. Alfred Rambaud, l'*Histoire du Consulat et de l'Empire*, de Thiers, les *Mémoires de Metternich*, l'*Histoire de la Turquie*, de Lamartine.

pâtres illettrés, Karageorges et Miloch se vouèrent
à cette noble cause, ils se mirent à la tête du mouvement national serbe. En 1804 une députation
serbe vint à Paris, demander l'appui de Napoléon.
Sans leur rien promettre, le Padischah des Français
remit aux délégués un sabre d'honneur pour Karageorges. Celui-ci, dans sa légitime impatience fit
appel à la Russie; le Czar s'intéressa dès lors à la
Serbie et conserva depuis ce jour une grande influence sur ce peuple; l'armée serbe fut renforcée
de contingents russes.

Chaque victoire de Napoléon avait un contre-
coup malheureux sur les peuplades chrétiennes des
Balkans; la Porte n'ayant rien à craindre de la
Russie tant qu'elle était en guerre avec Napoléon,
en profitait pour réprimer avec barbarie toute tentative d'insurrection; Napoléon pour soutenir son
alliance avec Sélim lui écrivait en décembre 1806 :
« N'accorde pas aux Serbes les concessions qu'ils te
demandent les armes à la main. Fais marcher
des troupes sur Choczim. Tu n'as plus rien à
craindre de la Russie. » Et lorsqu'en 1812, la Russie signa le traité de Bucharest, consacrant l'indépendance administrative de la Serbie, Karageorges envoya une mission à Constantinople pour
s'expliquer sur le sens de l'article du traité concernant les Serbes; le ministre ottoman les convoqua à une conférence (janvier 1813) à laquelle il
réclama toutes les forteresses, les armes et munitions des Serbes. De plus une armée turque allait
exécuter ces ordres, joignant la barbarie à la dévas-

tation. La Russie n'était plus à craindre, elle réunissait toutes ses forces contre Napoléon. Karageorges s'enfuit en Autriche; seul Miloch Obrenovitch partagea les malheureuses destinées de son peuple; il s'efforça de raffermir l'énergie des Serbes et devant l'oppression continuelle des Turcs, il fomenta en 1815 une nouvelle insurrection, parvint à chasser les Turcs et fit adopter par la Porte un traité reconnaissant définitivement l'autonomie de la Serbie sous la suzeraineté du Sultan, Miloch comme prince héréditaire et une assemblée de représentants, dite Skoupchtchina [1].

1. Lire les articles sur la Serbie, par M. Saint-René Taillandier, *Revue des Deux Mondes*, 1869.

III

Avec l'insurrection grecque la question d'Orient entre dans une nouvelle phase dont le caractère essentiel est le réveil du sentiment national chez les différents peuples soumis à la Turquie. La Grèce a tout l'honneur d'avoir ouvert cette période : déjà, il est vrai, la Serbie avait donné l'exemple avec Karageorges et Miloch, mais le mouvement grec pour n'avoir pas coïncidé ou fraternisé avec la révolution serbe, n'en est pas moins beaucoup plus ancien.

1. Consulter Gervinus, *Histoire du* xixe *siècle.* — *Mémoires du prince de Metternich* et du *chevalier de Gœntz*. Etc...

La Russie a puissamment contribué à développer l'idée d'émancipation chez les peuples de la péninsule. Pierre le Grand fut le premier à parler des Grecs, des Serbes et des Bulgares; aussi, c'est à la Russie que s'adressèrent de préférence les appels des Grecs. Chaque guerre russo-turque est en même temps accompagnée d'une tentative insurrectionnelle de la Grèce, soit qu'elle naisse d'elle-même, soit qu'elle résulte d'excitations de certains agents russes.

Dans le projet des Grecs, la Russie est un moyen et non un but, pour arriver à « *leur grande idée* » à la reconstitution de l'empire de Constantinople, car ils savent fort bien que l'ambition des Russes est rivale de la leur.

La cause de l'indépendance de la Grèce eut son premier martyr dans Constantinos Rhigas [1]; ce poète, imbu des sages principes de 1789, parcourait l'Europe espérant attirer l'attention bienveillante de certaines puissances pour son pays; d'autres hommes suivirent son exemple réclamant « *la liberté gauloise*, » pour la Grèce.

Ce n'est vraiment qu'à la chute de Napoléon qu'on peut s'occuper des Hellènes; et d'ailleurs, le mouvement national ne pouvait venir que de la Grèce elle-même, il avait paru jusqu'alors insuffisamment préparé.

Trois partis puissants existaient parmi les Grecs, le parti russe, le parti français et le parti anglais;

1. Pris sur le territoire autrichien, il fut odieusement exécuté.

chacun d'eux espérait trouver un appui plus favorable chez l'une de ces trois puissances; le parti russe était de beaucoup le plus important; outre la communauté de religion, la faveur exceptionnelle dont jouissait à la cour du czar, Kapo d'Istrias de Corfou flattait l'amour-propre et les espérances des Grecs. Sitôt que Kapo d'Istrias acquit cette influence auprès du czar, Metternich ne songea plus qu'à le faire écarter de Saint-Pétersbourg. Le chancelier autrichien élevait sa politique de réaction à la hauteur d'un principe; et lui qui ne voulait pas entendre parler de nation grecque, qui respectait l'intégrité ottomane jusque dans ses institutions les plus barbares, ne se doutait pas qu'il se rendait plus révolutionnaire que les Grecs en réagissant contre leur sentiment national. Ce qu'il craignait c'était une intervention du czar en leur faveur, sur les conseils de Kapo d'Istrias.

Lorsque la Porte lutta contre Ali, pacha de Canina, qui s'était révolté contre le sultan, les Grecs crurent le moment propice d'agir : une hétairie philhellénique s'était fondée à Odessa en 1814 avec la mission de plaider la cause grecque en Europe et de relever les défaillances des opprimés. Kapo d'Istrias avait donné la direction de l'hétairie à Alexandre Ypsilanti, l'assurant qu'il aurait l'appui de la Russie au premier soulèvement.

Ypsilanti, impatient d'ouvrir les hostilités, forma, de concert avec les chefs de l'hétairie, un plan qui attestait sans doute leur patriotisme, mais une grande inexpérience; il ne parlait rien moins que d'enlever Constantinople par un hardi coup de main, d'incendier la flotte ottomane. Il fit de nombreux voyages en Morée pour préparer le mouvement, car il comptait donner le signal de l'insurrection dans les Principautés Danubiennes; il demandait à Miloch de Serbie, son concours, mais celui-ci était satisfait des concessions de la Porte, et d'ailleurs la cause grecque n'était pas, pour lui, la cause serbe; Ypsilanti cependant rassembla une petite armée en Moldavie et son premier exploit fut d'exterminer la garnison turque de Galatz.

Le czar Alexandre, par un de ces changements d'opinion si fréquents chez ce prince, était revenu aux conseils de Metternich; Kapo d'Istrias fut congédié et Ypsilanti désavoué; il offrait même au sultan son appui pour réprimer la révolte, tout en encourageant secrètement Ypsilanti dans son œuvre; il fut ainsi cause du désastre qu'essuya ce petit corps d'insurgés dont les deux chefs, le prince Kantakouzène et Ypsilanti [1] s'enfuirent en Autriche, abandonnant leurs soldats au fanatisme barbare des Turcs.

Cette première tentative venait donc d'échouer misérablement, et la froideur de l'Europe indiquait aux Grecs qu'ils ne devraient leur salut qu'à euxmêmes. L'idée d'insurrection germait dans tous les esprits; aussi ne suffira-t-il que d'un acte d'oppression locale exercée par une autorité turque sur un Grec, pour déchaîner leurs passions et comme une

1. Ypsilanti fut retenu prisonnier en Autriche durant six années; il mourut en 1828.

traînée de poudre embraser la péninsule tout entière; Patras donna le signal (mars-avril 1821).

Croyant atteindre le mal à son origine, le gouvernement turc fit exécuter le patriarche grec de Constantinople, Grégorios, comme étant l'auteur présumé de cette révolte; d'autres exécutions suivirent; mais l'ignoble façon dont on traita Grégorios avant et après sa mort [1], ne fit qu'exaspérer les Grecs et soulever une juste indignation dans tous les pays. La Russie, la première se fit l'interprète de ces sentiments et, dans une conférence d'ambassadeurs réunis à Constantinople, il fut question des mesures à prendre pour la sécurité des chrétiens de la capitale ottomane; l'Angleterre, ne voulant point s'y associer fut par cela même un appui pour la Sublime Porte; celle-ci s'empressa dès lors, d'ordonner la visite des navires russes, pensant qu'ils portaient des secours aux Grecs. Le ministre russe, Stroganov réclama vainement un certain Grec accusé de trahison et incarcéré par le Divan; il protesta également contre un impôt établi sur les navires russes portant du blé et traversant les détroits.

Alexandre fit appel à la sainte alliance dans une note du 28 juin 1821, disant « que la cause soutenue par la Russie était une cause européenne; et qu'en se chargeant de la défendre elle laisserait de côté ses titres particuliers [2]; » il demandait en outre

1. Son cadavre fut traîné à travers les rues de Constantinople et jeté ensuite à la mer.
2. Gervinus, *Histoire du* xixe *siècle.*

la cessation des hostilités entre les Grecs et les Turcs et la protection de la Porte envers la religion chrétienne. D'ailleurs, dans une note précédente (22 juin) la Russie s'informait auprès de ses alliés sur l'attitude que prendraient les puissances en cas de conflit russo-turc.

Ce fut avec froideur que les puissances accueillirent la note du 28 juin. Lord Londonderry écrivit au czar pour l'engager à la tolérance, promettant d'appuyer la note russe à Constantinople.

En effet, cette note qui reconnaissait pour ainsi dire au czar le titre de protecteur des chrétiens, devait émouvoir singulièrement les divers cabinets. La Porte ne répondit que par des insolences, refusant de répondre à Stroganov qui, en présence de ses échecs successifs, fut contraint de partir. L'ambassadeur anglais lord Strangford avait su acquérir une réelle influence sur le Divan; il s'efforça, d'après les avis de Londres, de l'engager à céder, et lorsque Metternich écrivit dans le même sens au gouvernement ottoman, celui-ci saisit l'occasion, pour changer de politique, il demanda à l'Autriche de s'interposer entre la Russie et la Turquie en empêchant les Russes d'envahir les principautés; le Grec Danésis, réclamé par Stroganov fut gracié et l'impôt sur les navires russes portant du blé fut supprimé.

La Russie pourtant ne changea pas d'attitude devant les tentatives de conciliation de la Porte; Metternich fit observer au czar qu'il compromettait la paix de l'Europe en voulant secourir une insurrection, il se rencontra à Hanovre avec lord Londonderry, et le 28 octobre une note anglo-autrichienne fut envoyée à Saint-Pétersbourg, réprouvant officiellement toute guerre sur le Danube. Alexandre envoya le général Tatistchev à Vienne dans le but d'écarter l'influence anglaise ; il offrait de reprendre les relations avec la Porte, mais en cas de refus de celle-ci, les puissances alliées devraient rompre également avec elle. Un protocole de cette convention fut signé à Berlin (14 mars) et communiqué à toutes les cours ; lord Londonderry refusa tout d'abord d'y souscrire.

Cette indécision des puissances donna plus de force à la Sublime Porte ; elle refusa toute satisfaction à la Russie, lorsqu'elle apprit le but de la mission Tatistchev à Vienne et l'attaque de Chios par les Samiens : au contraire elle se plaignit de l'humanité avec laquelle on avait traité Ypsilanti et de l'inexécution d'un article du traité de Bucharest, réclamant en dédommagement quelques forts d'Asie.

Ces obstacles rendirent impossible toute conciliation. Metternich proposa la réunion d'un congrès à Vienne. Toutes les puissances s'y firent représenter à l'exception de la Turquie qui n'entendait pas que l'Europe s'occupât de ses affaires ; le Reïs-Effendi demandait ironiquement à lord Strangford : « si l'Angleterre accepterait une intervention turque dans le cas où ses sujets mahométans dans l'Inde se révolteraient. »

Le congrès se réunit donc à Vienne (1820) et s'ajourna à Vérone (20 octobre 1822) ; l'empereur Alexandre y assista en personne ; il fut amené par Metternich à céder une partie de ses projets ambitieux, et s'associa au chancelier autrichien pour réagir contre la révolution ; — le gouvernement du Péloponèse délégua au congrès de Vérone le comte Metaxas et le français Jourdain dans l'espoir qu'ils attireraient l'attention des souverains ; ils n'y furent même pas admis ; et l'on se borna à leur déclarer que la coïncidence de l'insurrection grecque avec la révolution italienne rendait impossible toute intervention en leur faveur.

Cette dernière fin de non-recevoir provoqua chez les Grecs, un juste sentiment d'indignation ; mais, du moins, s'ils n'avaient pu briser la froideur des monarques ils surent rallier les sympathies publiques ; leur conduite héroïque dès le début de l'insurrection, la chute glorieuse de Tripolitza, le massacre de Chios créèrent en Europe un réel mouvement de philhellénisme. La condamnation de la politique autrichienne se prononçait déjà.

Metternich croyait avoir triomphé à Vérone : Kapo d'Istrias n'avait plus d'influence sur le czar : « La lutte entre Kapo d'Istrias et moi, disait l'orgueilleux chancelier, ressemble à celle qui aurait lieu entre une puissance positive et une puissance négative. Kapo d'Istrias fait tantôt le rôle de la souris dans son trou, tantôt celui du chat qui est aux aguets [1]. » Triomphe éphémère, car le czar Alexan-

1. *Mémoires de Metternich.*

dre avait l'esprit trop humain et trop ambitieux pour ne pas revenir à ses anciennes idées ; Kapo d'Istrias reprit son ancienne influence.

A Londres, Londonderry s'était suicidé, et Canning lui succédait. Ce changement de ministre fut aussi un changement de politique. Canning, en effet, était en tout point favorable aux Grecs ; il reconnut le 25 mars 1823, le blocus qu'ils avaient annoncé. Dans le but d'éviter une entente entre l'Angleterre et la Russie, Metternich résolut de faire rencontrer encore les deux souverains d'Autriche et de Russie ; l'entrevue eut lieu, mais Metternich étant malade, il ne put en rien influencer Alexandre ; celui-ci au contraire lui attribuait la situation indécise dans laquelle il était placé : il fit donc une dernière représentation au gouvernement ottoman qui répondit à lord Stratford que la Russie serait satisfaite en tout point.

Ces bonnes dispositions furent un moment arrêtées par la publication d'un article d'un journal français[1] établissant la pacification de la Grèce sur de nouvelles bases. Un mémorandum, publié également par la presse française, proposait de former trois principautés grecques vassales du sultan.

Ces projets émurent tous les cabinets : Metternich qui ne voulait pas entendre parler de la Grèce, le czar Alexandre, craignant de voir la Grèce échapper ainsi à son influence, la Porte qui ne voulait rien céder.

---

1. *Le Constitutionnel*, 31 mars 1823.

Canning, dès qu'il prit en main la question grecque, réussit à créer une mutuelle sympathie entre la Grèce et l'Angleterre; un emprunt destiné à assister les Grecs fut couvert à Londres et des volontaires anglais, parmi lesquels lord Byron, allaient combattre sous les murs de Missolonghi.

Après trois ans de lutte, la Turquie était aussi épuisée que la Grèce où la guerre civile sévissait déjà. L'Europe ne devait pas se désintéresser davantage de cette guerre; la Grèce, ce berceau de la civilisation, finit par attirer à elle la sympathie générale; des corps de volontaires partaient de tous pays pour Argoles, Missolonghi; des comités d'assistance philhellénique se formaient de tout côté.

Ces sentiments ne firent que s'accroître lorsqu'on apprit la descente d'Ibrahim Pacha en Morée; en France le mouvement philhellénique ne connut plus de bornes, il semblait que cette nation avait honte du rôle que jouaient dans l'armée de Méhémet-Ali, certains officiers français exilés; des vaisseaux furent commandés en Angleterre, aux Etats-Unis. En 1825 la « Société philanthropique pour l'assistance des Grecs » se constituait à Paris, sous la protection de Châteaubriand, de Laffitte, de La Rochefoucauld, de Dalberg; des convois de vivres, de munitions partaient de Marseille pour la Grèce.

Les puissances cherchèrent dès lors à profiter de cette insurrection; le parti russe avait subi un échec par la publication des journaux français; le gouvernement français avait envoyé le général Roche faire des offres au gouvernement provisoire en faveur de la famille d'Orléans; mais le parti anglais, grâce à Canning, fut beaucoup plus fort, il mettait en avant le prince Léopold de Cobourg et pendant que le général Roche recueillait des adhésions, Hamilton rapportait en Angleterre un acte du gouvernement provisoire grec demandant le protectorat de l'Angleterre. En même temps des conférences s'ouvraient à Saint-Pétersbourg (17 juin 1824); Canning ne voulait point y envoyer de représentant; Metternich, de son côté, se rapprochait de la France; craignant d'être supplanté par Canning, il changea de politique à Saint-Pétersbourg; il proposa l'indépendance de la Grèce, dans l'espoir sans doute de la voir repoussée par le czar.

Après avoir soutenu pendant cinq ans l'intégrité ottomane, il est le premier à plaider l'indépendance de la Grèce, pas pour longtemps, il est vrai, car cette politique est moins sincère qu'intéressée. Les conférences de Saint-Pétersbourg furent closes sans qu'aucune décision ait été prise. En effet, chaque puissance ne voulait agir qu'au mieux de ses intérêts et non pas exclusivement pour celui des Grecs.

Le czar Alexandre vint à mourir; son successeur, le czar Nicolas, prit une attitude plus décidée; dès son avénement il abandonna la cause grecque bien qu'elle eût toutes ses sympathies : il se contenta d'arranger ses affaires avec la Porte, espérant ainsi être utile aux Grecs en prenant envers elle une attitude désintéressée, et dans un ultimatum qu'il adressait au sultan, il exigea : 1° le statu quo de 1821 ; 2° la mise en liberté des députés serbes ; 3° l'envoi de plénipotentiaires turcs pour traiter toutes les questions du traité de Bucharest.

La Porte se trouvait avoir ainsi deux négociations à régler ; l'ultimatum russe et la médiation anglaise au sujet de la Grèce ; elle céda tout ce que demandait Nicolas puisqu'il ne parlait pas de la Grèce : les députés serbes que Karageorges avait délégués en 1812 à Constantinople furent mis en liberté et des ambassadeurs furent envoyés à Akermann pour s'entendre sur le traité de Bucharest.

A Saint-Pétersbourg, l'ambassadeur d'Angleterre, lord Wellington avait réussi à faire adopter à l'empereur Nicolas une médiation collective des deux puissances à imposer à la Porte au sujet des affaires grecques, (protocole du 4 avril 1826). Ce protocole proclamait l'autonomie administrative de la Grèce sous la suzeraineté de la Porte, la liberté de conscience, une assemblée élective, moyennant un tribut annuel à payer à la Porte.

C'était un coup droit à Metternich ; il disait à ce sujet de Canning : « Ce n'est pas un incendiaire, mais dès qu'un incendie se déclare, on est sûr de le trouver entre le feu et les pompiers. » Dès lors il se mit à espérer, tout en craignant une guerre russo-turque, que l'insurrection serait anéantie avant qu'on appliquât le protocole du 4 avril.

A Constantinople, le sultan Mahmoud s'était engagé dans la voie des réformes ; il avait même détruit le vieux corps des janissaires, et tandis que le fait de l'entente anglo-russe lui parvenait comme une question de guerre, la chute de Missolonghi avait donné en Europe une nouvelle ardeur au phil-hellénisme. Le Parlement français avait voté des secours aux Grecs et des crédits destinés à racheter les prisonniers vendus comme esclaves. De Missolonghi les Turcs portèrent le siège devant Athènes.

Précédemment nous avons parlé de l'entretien de plénipotentiaires turcs et russes à Akermann pour régler les malentendus du traité de Bucharest. A cette conférence, la Russie demanda : le rétablissement du statu quo de 1821 dans les principautés, l'exécution du traité de Bucharest pour la Serbie, des garanties suffisantes pour protéger le commerce russe, la liberté de navigation dans la mer Noire, la cession des forts sur la frontière d'Asie. Malgré l'indignation que lui suggérait cette manière de procéder de la part des Russes, et dans l'état de désorganisation où elle se trouvait, la Porte signa la convention d'Akermann (6 octobre 1826).

En même temps Stratford négociait à Constantinople la médiation anglaise, et Canning se rendait à Paris pour s'entendre avec de Villèle. Le ministre français lui proposa de changer le protocole en un traité définitif à trois ; cette proposition fut acceptée à Saint-Pétersbourg. La France ne pensait qu'à remanier les frontières du Rhin et la Russie celles du Danube ; ce traité fournissait peut-être l'occasion de réaliser ces rêves.

D'après ce traité conclu (6 juillet 1827) entre la France, l'Angleterre, la Russie, les trois puissances devaient offrir leur médiation aux belligérants ; la base de ce traité était une indépendance autonome de la Grèce sous la suzeraineté de la Porte, moyennant un tribut annuel. Si cette offre n'aboutissait pas, une deuxième déclaration au Divan annoncerait les mesures que les trois puissances devaient prendre de concert.

Metternich refusa d'appuyer cette note. Quant à la Porte, elle pensait que les trois puissances ne s'entendraient jamais au moment d'agir ; d'ailleurs la Russie était en guerre avec la Perse à cette époque et l'Acropole venait de tomber : le Divan répondit le 30 août qu'il ne pouvait accepter aucune proposition au sujet des Grecs et refusa de recevoir la seconde déclaration ; les trois ambassadeurs alliés se conformèrent à leurs instructions et laissèrent agir les amiraux des trois flottes alliées qui venaient d'arriver dans la Méditerranée.

Canning venant à mourir (3 août 1827), Metternich ne chercha plus qu'à rompre cette triple alliance que tous ses efforts n'avaient pu empêcher de se former. Il offrit même sa médiation entre la Porte et les trois puissances ; mais toutes ses machinations échouèrent quand retentit en Europe un coup de foudre : les flottes alliées venaient d'anéantir la flotte turque à Navarin (20 octobre 1827).

Les vainqueurs étaient désorientés de leur victoire ; ils n'auraient jamais consenti à en venir à cette extrémité [1]. La France et la Russie y voyaient pourtant le salut de la Grèce. L'Angleterre reçut la nouvelle avec froideur, elle craignait de livrer ainsi la Turquie sans défense à la Russie : le discours du trône qualifiait ce désastre ottoman « d'événement malencontreux » ; quant à l'Autriche, jamais elle ne fut plus isolée qu'à cette époque. La Porte l'accusait en outre de tous ses malheurs, et lorsque les ambassadeurs quittèrent Constantinople, ils placèrent leurs nationaux sous la protection du plénipotentiaire des Pays-Bas et non sous celle de l'Autriche.

A Constantinople les ambassadeurs s'informant au Divan de l'effet qu'avait pu produire Navarin et s'il le considérait comme un *casus belli*, ou leur répondit que : « c'était comme si un homme cassait la tête à un autre pour venir ensuite l'assurer de son amitié. » Le Divan remit le 8 novembre un ultimatum exigeant que l'on abandonnât la Grèce, une indemnité pour le désastre causé et une réparation pour outrage au pavillon turc. Sur le refus des ambassadeurs, et après quelques vaines tentatives de négociations, ils durent quitter Constantinople (8 décembre).

Il ne restait plus qu'à agir ; Nicolas proposait d'occuper les principautés pendant qu'une flotte combinée paraîtrait devant Constantinople et Alexandrie ; le cabinet français appuyait le projet russe ;

1. Voir le récit de la bataille de Navarin. — *Revue des Deux Mondes*, 15 décembre 1873, Jurien de la Gravière.

Wellington successeur de Canning s'opposa à la rupture avec la Porte ; toutefois il ne voulait pas abandonner l'alliance, car il craignait une alliance franco-russe.

A cette époque, le marquis de la Ferronays, ancien ambassadeur à Saint-Pétersbourg, dirigeait le cabinet français. Les trois alliés, sur la ferme volonté du czar et du ministre français, s'entendirent pour agir : on décida de réunir une conférence à Corfou et qu'un corps d'armée français serait envoyé en Morée, pendant que la Russie déclarant la guerre à la Porte, franchirait le Pruth (26 avril 1828). La Porte s'effraya du péril qu'elle courait et offrit alors d'exécuter la convention d'Akermann ; mais trop tard ; les puissances crurent à de nouvelles feintes.

Cette déclaration de guerre inquiéta fort Metternich ; il s'appliqua, dès lors, dans le but de brider la Russie, de consolider la triple alliance qu'il avait combattue avec tant d'intrigues ; il représentait à Wellington que l'indépendance grecque serait la ruine définitive de la Turquie ; que la Russie et la France ne pouvaient qu'y gagner.

Cette guerre de 1828 exigea des efforts considérables de la part des Russes ; les Turcs, avec le fanatisme qui les anime, surent défendre leur pays avec une opiniâtreté digne d'un meilleur sort, et sans la chute de Varna les Russes étaient condamnés à une retraite désastreuse : Schoumla, Silistrie tombèrent successivement en leurs mains.

On arrêta les hostilités de part et d'autre, l'Angleterre et la France envoyèrent le 16 novembre leurs ambassadeurs à Constantinople. Une conférence préalable avait eu lieu à Londres entre les trois puissances alliées au sujet du traité à imposer à la Porte; les délimitations furent l'objet d'une longue discussion, ainsi que l'autonomie et la question du tribut à payer par la Grèce à la Turquie. Les ambassadeurs remirent au Sultan le protocole de cette conférence : celui-ci refusa de consentir à une autonomie de la Grèce.

Une seule chose restait à faire devant ce refus : reconnaître l'indépendance de la Grèce.

Les négociations avec la Russie avaient échoué également; les Russes franchirent les Balkans (15 juin 1829) et marchèrent sur Andrinople. L'imminence du péril décida la Porte à accepter (15 août 1829) le traité de Londres, seulement pour la Morée.

De nouvelles négociations s'ouvrirent à Andrinople (1er septembre). Le général russe, Diébitch, demanda l'arrangement des affaires grecques sur la base du protocole du 22 mars; la cession d'Achalzik, d'Atzov, d'Achalkalaki, d'Anapa; une indemnité de 700,000 bourses dont le paiement serait garanti par les principautés et par Silistrie. Malgré ces conditions rigoureuses, la Porte signa ce traité (14 septembre 1829).

Les pourparlers au sujet de la question grecque continuaient toujours à Londres ; on se décida par adopter l'indépendance, avec le royaume le plus petit possible; la couronne hellénique serait offerte à Léopold de Cobourg (15 janvier 1830). La Porte signa enfin ce protocole le 24 avril 1830.

Tout d'abord ce protocole du 24 avril fut une véritable déception en Grèce; car il ne lui laissait que la Morée; Kapo d'Istrias fit part au prince Léopold des vœux d'extension de son pays; ce prince en présence de ces nouvelles difficultés se désista de sa parole et renonça définitivement au trône de Grèce (21 mai 1830). On offrit alors la couronne au fils du roi Louis de Bavière, qui l'accepta. Un protocole du 7 mai 1832, fut signé et devint la véritable charte de la nouvelle Grèce; il proclamait l'indépendance hellénique et la souveraineté nationale, stipulant en outre qu'un emprunt de 60 millions serait contracté sous la garantie des trois puissances protectrices de la Grèce.

L'œuvre de la régénération de la Grèce devait être une œuvre laborieuse, car après tant d'années de luttes auxquelles se joignirent les horreurs de la guerre civile on pouvait répéter avec Victor Hugo :

« Les Turcs ont passé là : tout est ruine et deuil. »

Et lorsqu'elle fut érigée en royaume en 1832, la nation grecque dut faire sortir de ces ruines un pays devant remplir toutes les conditions, tous les devoirs d'un Etat constitué.

IV

MÉHÉMET-ALI. — TRAITÉS DU 15 JUILLET 1840 ET DU 13 JUILLET 1841 [1].

SOMMAIRE. — Traité d'Unkiar Skelessi. — Conférence de Constantinople (28 juillet 1839). — Intrigues du czar Nicolas. — Lord Palmerston et Thiers. — Traité du 15 juillet 1840. — Bombardement de Beyrouth. — Ministère Guizot. — Traité du 13 juillet 1841.

A peine la Grèce était-elle pacifiée qu'une autre insurrection mettait encore en péril l'intégrité de l'empire ottoman et menaçait directement l'équilibre européen.

L'Egypte était, à cette époque, gouvernée par Méhémet-Ali, soldat parvenu, aussi rusé qu'ambitieux ; la facilité avec laquelle Ali-Pacha s'était insurgé, l'indépendance de la Grèce, et la faiblesse de

1. Pour ce chapitre consulter l'*Histoire de la Monarchie de juillet*, de M. Thureau-Dangin.

la Porte n'avaient fait que le rendre plus envieux. Les services qu'il rendait tels que la descente de son fils Ibrahim en Morée, la valeur de son armée et de sa flotte, instruites et disciplinées par des officiers français, étaient plutôt destinés à intimider le sultan qu'à consolider son empire : il rêvait une sorte d'indépendance pour l'Egypte, mais il pensait bien qu'il ne pouvait arriver à de si hautes ambitions que par l'appui d'une grande puissance : il pensa trouver cet appui en France.

En effet l'Egypte depuis la campagne de Bonaparte n'avait cessé d'être chère à la France. C'est ce sentiment auquel se joignaient de glorieux souvenirs que Méhémet-Ali sut exploiter; il se proclamait fils de la France et faisait entonner la *Marseillaise* par ses soldats, sachant bien que l'écho de cet hymne chanté en Egypte, résonnerait en France.

Une querelle entre le pacha de Saint-Jean d'Acre et Méhémet-Ali fut pour ce dernier un prétexte à mettre à exécution ses desseins.

Ibrahim s'empara de la Palestine et de la Syrie. La Porte n'était plus de force à soutenir une insurrection, dans son épuisement, elle en appela aux puissances : seule la Russie offrit sa protection à la Porte qui l'accepta.

Cette intervention des Russes présentait un réel danger. Le duc de Broglie, en France, le comprit et en avisa le cabinet de Londres après avoir envoyé à Constantinople l'amiral Roussin avec la mission de faire échouer la tentative d'intervention russe.

Déjà les Russes étaient arrivés dans le Bosphore, et attendaient l'ordre de débarquer..

L'amiral Roussin prit sur lui de faire accepter les conditions de la Porte par Méhémet-Ali, et parvint à faire éloigner la flotte russe par le sultan. Restait à faire accepter les conditions turques par le pacha d'Egypte : or celui-ci se refusa complètement d'adhérer aux propositions de Mahmoud qui se vit forcé de rappeler les Russes ; ils revinrent le 3 avril 1833 et 5,000 hommes débarquèrent sur la côte asiatique.

Devant le fait accompli, les cabinets de Londres et de Vienne résolurent d'agir à leur tour. Le cabinet britannique envoyait lord Ponsonby à Constantinople ; l'Autriche proposait une conférence et M. de Varennes, notre chargé d'affaires, se rendait au camp d'Ibrahim-Pacha. Malgré les excitations des Russes, Mahmoud finit par céder sur les conseils de la France et de l'Angleterre et, dans un firman, (arrangement de Koutaïeh, 5 mai 1833) la Porte accordait à Méhémet-Ali la Syrie, suivant les conditions convenues.

Le véritable but de la diplomatie n'était pas tant d'arrêter Ibrahim que de précipiter le départ des Russes ; elle crut véritablement à son succès lorsque, la paix de Koutaïeh signée, les Russes partirent le 10 juillet ; mais ils emportaient avec eux un traité secret d'alliance offensive et défensive. Le comte Orlof, ambassadeur de Russie à Constantinople, avait conclu le 8 juillet avec Mahmoud le traité d'Unkiar Skelessi, en vertu duquel la Russie s'obligeait à défendre la Turquie sur terre et sur mer ; cette puissance s'engageait par contre à fermer les Dardanelles à la volonté dela Russie.

La nouvelle du traité souleva en Europe une véritable indignation : l'Angleterre fut la plus irritée ; peu s'en fallut qu'une rupture n'éclatât : Metternich fit tous ses efforts pour écarter le conflit et réussit à faire considérer le traité comme lettre morte.

Cet arrangement de Koutaïeh était provisoire pour Méhémet-Ali, car il n'avait pas encore atteint le but de ses ambitions ; il se proclamait le défenseur de l'islamisme contre le czar et offrait même à l'Angleterre et à la France 150.000 hommes et sa flotte pour combattre la Russie ; il jouait ainsi au plus fort dans le but de se faire donner l'hérédité. Certes il n'aurait pas eu de peine à triompher de la Porte, toutes les provinces de l'empire ottoman étant travaillées en ce moment par l'esprit d'insurrection. La Grèce était désormais indépendante, Alger était aux mains des Français, la Serbie était en révolte continuelle, la Valachie et la Moldavie attendaient l'occasion pour se soulever.

La situation critique de la Porte tentait le pacha, aussi résolut-il d'en profiter. D'ailleurs le conflit était inévitable, l'un se sentait soutenu par la France et l'Angleterre, l'autre par la Russie ; mais si le sultan et Méhémet-Ali faisaient leur possible pour en finir l'un avec l'autre, les puissances s'efforçaient de leur côté d'ajourner le différend.

3.

En France l'opinion publique et le gouvernement étaient saisis d'un véritable engouement pour l'Egypte et son pacha; il était invincible aux yeux du public qui se refusait à croire les témoins oculaires de la faiblesse de l'Egypte.

La principale préoccupation des Anglais était de faire échéc aux Russes, mais s'ils craignaient le czar, ils redoutaient davantage l'influence française en Egypte. Méhémet-Ali était mal vu à Londres, précisément parce qu'il était estimé à Paris. Le czar Nicolas se sentait enchaîné par son traité d'Unkiar Skelessi, et ce qui lui tenait le plus à cœur à cette époque, c'était le désir d'isoler la France, et de la séparer de l'Angleterre au moyen de l'Egypte; la révolution de 1830 lui avait fait prendre en horreur la France, et lui qui se proclamait le dompteur des révolutions, il aurait mis toute sa gloire à l'humilier.

Quant à Metternich il était pour le statu quo.

Honteux de sa faiblesse et toujours menacé par Méhémet-Ali, Mahmoud ne voulait pas attendre plus longtemps, il réunit une armée considérable et, le 21 août 1839, cette armée franchissait l'Euphrate, jouant ainsi par le sort des armes l'équilibre européen.

A cette nouvelle, le ministère Soult chercha à entamer des négociations, à neutraliser l'action de la Russie et à faire échec à l'Angleterre en Egypte; et pour cela il voulait réunir une conférence européenne.

Cette politique était plus ingénieuse que solide;

la divergence d'opinion des cabinets de Londres et de Paris sur la question d'Egypte était le point faible, et la Russie le comprit fort bien. Cette conférence, que le maréchal Soult regardait déjà comme un succès diplomatique, devait tout au contraire se retourner contre la France.

M. de Barante, notre ambassadeur à Saint-Pétersbourg, prévint les Tuileries de la politique du czar consistant à appuyer l'Angleterre et à isoler la France. Le gouvernement français restait aveugle ; il se sentait soutenu par l'opinion publique et par la presse. Le philosophe Jouffroy, rapporteur de la commission instituée pour examiner la question orientale, était d'avis de protéger la Porte contre la Russie et l'Egypte contre l'Angleterre ; ce devait être la revanche de 1815.

Durant ces négociations diverses, Mahmoud succomba, assez à temps pour ne pas être témoin de l'anéantissement de son armée dans les plaines de Nezib (24 juin 1839) ; de plus, la flotte turque s'était rangée sous la bannière de Méhémet-Ali, de sorte que la Porte était en proie à une désorganisation sans égale ; ni armée, ni flotte, ni souverain, et Ibrahim prêt à franchir le Taurus : telle était la situation de ce malheureux pays.

Méhémet-Ali envoya à son fils le capitaine Callier, émissaire de Paris, lui enjoindre de ne plus avancer : le Divan consentit à traiter et offrit au pacha l'Egypte héréditaire et la Syrie viagère ; Méhémet-Ali réclamait également la Syrie héréditaire.

Les puissances auraient pu favoriser une entente

directe entre le pacha et le Divan ; mais le conflit entre les puissances était déjà trop évident pour qu'elles pussent s'entendre sur ce point. La France se préoccupait de faire échec à la Russie et, dans son aveugle confiance envers Méhémet-Ali, elle se séparait de l'Angleterre qui ne pouvait pardonner la défection de la flotte turque et ne voyait dans le pacha d'Egypte qu'un intrigant faisant le jeu de la France.

A Constantinople les cinq ambassadeurs réunis le 28 juillet 1839 avaient remis au Divan une note assurant l'accord des puissances sur la question d'Orient et lui prescrivant de ne rien conclure. C'est de cette époque que commence la campagne diplomatique entre l'Europe et la France à propos de Méhémet-Ali.

Lord Palmerston voyait le danger moins à Saint-Pétersbourg qu'à Paris ; et à cet effet il se rapprocha du cabinet russe. Notre chargé d'affaires à Londres, M. de Bourqueney, en avait averti le cabinet de Paris : « un grand changement s'est opéré, disait-il, on espère aujourd'hui le concours de la Russie [1]. »

Cet avertissement eût été inutile s'il avait été adressé à des diplomates plus soucieux de l'avenir et moins confiants dans la prétendue puissance de Méhémet ; et d'ailleurs le gouvernement français croyait un rapprochement entre l'Angleterre et la Russie aussi impossible que de vaincre le pacha. M. de Saint-Aulaire, ambassadeur de France à

---

1. Thureau-Dangin. — *Histoire de la monarchie de juillet.*

Vienne, écrivait : « Faut-il nous brouiller avec tous nos alliés dans l'intérêt de Méhémet-Ali ? Cet homme est le mauvais génie de la France. [1] » Toutes ces lettres et ces avertissements se succédaient tout en restant inutiles : l'engouement pour le pacha devenait national et le gouvernement trouvant là un sérieux appui, ne faisait que l'encourager.

Pour augmenter le désaccord qui existait entre Paris et Londres, le czar Nicolas n'hésita pas à envoyer à Londres un ambassadeur extraordinaire, M. de Brünnow (15 septembre 1839); le czar offrait d'abandonner le traité d'Unkiar Skelessi, mais à condition d'opérer seul dans la mer de Marmara pour défendre Constantinople contre Méhémet-Ali.

Palmerston entretint notre ambassadeur, le général Sébastiani, de l'entrevue qu'il avait eue avec M. de Brünnow : le gouvernement français parvint cependant à faire échouer cette première tentative russe; il démontra sans peine à lord Palmerston que la volonté du czar d'opérer seul dans les eaux de Constantinople était inadmissible. Le cabinet anglais se rangea à cet avis et rejeta les propositions de M. de Brünnow.

Pour tenter un rapprochement avec la France, lord Palmerston offrit de joindre à l'hérédité d'Égypte, la possession héréditaire du pachalik d'Acre, à condition toutefois que, en cas de refus du pacha d'adhérer à ces conditions, la France s'associerait aux mesures coercitives à prendre contre lui.

1. Thureau-Dangin. *Histoire de la monarchie de juillet.*

C'était une proposition inespérée, pour le gouvernement français, un moyen de terminer avec avantage cette lutte diplomatique ; mais, l'aveuglement du ministère français était tel qu'il en profita pour se montrer plus exigeant.

M. Thiers, président du conseil (1ᵉʳ mars 1840), persista dans la précédente attitude de la France, pensant qu'un accord entre la Russie et l'Angleterre ne se ferait jamais, puisqu'il venait d'échouer une première fois ; cette opinion était aussi partagée par le parlement : Berryer, dans un de ses remarquables discours, s'écriait : « N'en doutez pas, messieurs, la question d'Orient est une question de vie ou de mort, comme une question d'honneur et de dignité pour la France. »

En présence de cette fin de non-recevoir, lord Palmerston, froissé, retira sa proposition et s'affermit davantage dans sa politique antifrançaise, pour se rapprocher de la Russie. En France, la haine de l'Angleterre devint bientôt aussi forte que l'engouement pour Méhémet-Ali. Le retour des cendres de Napoléon Iᵉʳ, que Palmerston avait autorisé à ramener en France, ne servit qu'à développer cette passion en évoquant les souvenirs de 1815.

M. de Brünnow revint, en effet, à Londres avec de nouvelles propositions, le czar acceptait la combinaison des deux flottes, russe et anglaise, dans la mer de Marmara. Le czar était décidé à négocier avec Palmerston et celui-ci, devant la temporisation de M. Thiers, était résolu à conclure un traité avec la Russie. M. Thiers temporisait à Londres, mais il

agissait en Orient, espérant amener un rapprochement direct entre le sultan et Méhémet-Ali. S'il y
était parvenu, c'eût été un échec humiliant pour
Palmerston et pour le czar Nicolas.

Ce que Palmerston craignait le plus en Egypte,
ce n'était pas Méhémet-Ali, il ne croyait pas à sa
force, mais la France elle-même ; aussi disait-il à
M. Guizot, notre nouvel ambassadeur à Londres en
remplacement du général Sébastiani : « Est-ce que
la France ne serait pas bien aise de voir se fonder
en Egypte et en Syrie une puissance nouvelle et indépendante qui fût presque sa création et devint
nécessairement son alliée? Vous avez Alger. Entre
vous et votre allié d'Egypte que resterait-il? presque
rien, ces pauvres états de Tunis et de Tripoli. Toute
la côte d'Afrique et une partie de la côte d'Asie sur
la Méditerranée depuis le Maroc jusqu'au golfe d'A-
lexandrette serait en votre possession ; cela ne peut
nous convenir.»

Si Palmerston voulait s'écarter de l'alliance française, il ne trouvait pas partout le même accueil,
même dans son cabinet : lord Grey, lord Granville,
lord Wellington étaient partisans de l'alliance française. Metternich redoutait l'esprit de revanche de
1815 et une rupture avec Berlin, car à cette époque
les idées nationales se réveillent en Allemagne ; on
parlait de reprendre la rive gauche du Rhin et les
esprits étaient en proie à une grave surexcitation.

A Londres le baron de Neumann, ministre de
Prusse, s'était efforcé d'établir une entente entre les
puissances et M. Guizot, il proposait au pacha la

presque totalité du pachalik d'Acre. M. Thiers se contenta de répondre à M. Guizot que la proposition était inacceptable.

Pendant que Palmerston accordait, pour masquer sa politique, l'autorisation de lever les cendres de Napoléon 1er, cette « requête bien française », disait-il, M. de Brünnow s'entendait à Londres avec lui. A Constantinople, l'ennemi le plus déclaré de Méhémet-Ali, le grand vizir Khosrew-pacha était tombé du pouvoir; ce fut une véritable joie pour le pacha d'Egypte; il manifesta même l'intention de s'arranger avec le Sultan et de lui rendre toute la flotte ottomane. M. Thiers profita de ces heureuses dispositions pour envoyer à Alexandrie M. Périer presser Méhémet-Ali de terminer le conflit en acceptant la Syrie viagère; notre ambassadeur près le sultan agissait dans le même sens : on ne sut malheureusement pas garder le secret; lord Ponsomby, ambassadeur britannique en Turquie, déjoua toutes ces manœuvres et en avertit son gouvernement.

Le procédé de M. Thiers, mis au grand jour, souleva une véritable indignation parmi les puissances européennes. Palmerston disait : « On se serait bien moqué de nous si l'arrangement direct avait réussi [1], » et il se hâta de profiter de cette indignation des puissances pour faire signer une convention à l'exclusion de la France. Lord Holland et lord Clarendon, membres du cabinet anglais, ne voulu-

1. Thureau-Dangin. — *Histoire de la monarchie de juillet.*

rent pas s'associer à cette convention ; et une note y fut insérée, dégageant la responsabilité de ces deux ministres. L'opinion de Palmerston prévalut donc et, le 15 juillet, cette convention devenait un traité définitif entre la Russie, la Prusse, l'Autriche et l'Angleterre.

Le traité comprenait quatre pièces distinctes. La première était un engagement entre les puissances à protéger la Turquie contre le pacha.

La seconde stipulait les conditions de soumission de Méhémet-Ali : le sultan offrirait d'abord l'E-gypte héréditaire et la plus grande partie du pachalik de Saint-Jean d'Acre en viager : si, dans les dix jours il n'avait pas accepté, le pachalik lui serait retiré : si dans dix autres jours, il n'avait pas adhéré, ce serait l'Egypte même qui lui serait retirée. Deux protocoles accompagnaient ces pièces, l'un concernait l'exécution immédiate de la convention, sous prétexte que des troubles s'étaient produits dans le Liban ; or cette insurrection était fomentée par lord Ponsomby sur l'ordre de Palmerston.

En même temps le ministre anglais ordonnait à l'amiral Stopford, qui, par une heureuse médiation de la France entre l'Angleterre et le royaume de Naples, venait d'avoir sa liberté d'action, de se porter immédiatement sur les côtes de Syrie. Ainsi, cette flotte que la France venait de dégager, allait de suite servir contre elle. Quant au czar Nicolas, il sortait triomphant de cette lutte, il avait obtenu ce qu'il voulait, l'isolement et l'humiliation de la France.

— « Je serais curieux, disait Palmerston à Bulwer, de savoir comment Thiers aura pris notre convention. Thiers commencera sans doute à faire le bravache, mais nous ne sommes pas gens à nous laisser intimider par des menaces [1]. » Le fait est que le coup était dur pour M. Thiers ; il craignait surtout une violente explosion de la colère nationale.

Rien ne peut mieux donner une idée de l'état d'irritation des esprits à cette époque que ce mot de H. Heine [2] : « Tous les Français se groupent autour du drapeau tricolore et leur mot de ralliement est : Guerre à la perfide Albion. »

La Presse ne faisait qu'entretenir cette agitation, elle usait même de fanfaronnade. « L'Europe est bien faible contre nous, disait le journal *le Temps* (28 juillet 1840), elle peut essayer de jouer avec nous le terrible jeu de la guerre, nous jouerons avec elle le formidable jeu des révolutions. »

On se croyait en France capable de soutenir la lutte victorieusement d'autant plus que l'on avait confiance dans la force de Méhémet-Ali. Seule la Russie pouvait envoyer une armée contre le Pacha, mais elle risquait de ne pas franchir le Caucase. Le roi Louis-Philippe lui-même pensait ainsi : « C'est un second Alexandre, disait-il de Méhémet-Ali, je n'ai pas une armée capable de lutter avec celle qu'il pourrait amener sur le champ de bataille [3] » D'autre part, si le pacha semblait invincible, en

1. Bulwer. Life of Palmerston.
2. *Lutèce.*
3. Thureau-Dangin.

France, on ne croyait pas que Palmerston fût inamovible. Du moins tout pouvait le faire supposer; on connait déjà les dissidences qui existaient au sein du cabinet anglais; et d'ailleurs, les puissances, surtout l'Autriche, auraient vu avec déplaisir le conflit dégénérer en rupture.

M. Thiers ne négligeait rien pour assurer la sécurité nationale; c'est à cette époque qu'il décréta les premiers armements; les fortifications de Paris furent construites, de nouveaux régiments furent formés, et si Palmerston l'accusait de faire « *le bravache* », il se trouvait en cela parfaitement d'accord avec le roi, le gouvernement et le public. Louis-Philippe ne voulait certainement pas la guerre, mais il ne voulait pas crier moins fort que son ministre. L'opinion publique les dirigeait; et en la froissant, le ministre et le roi risquaient de devenir impopulaires. On se souvient de l'apostrophe que Louis-Philippe lança lors d'une réunion diplomatique : « Vous êtes des ingrats, dit le roi aux ambassadeurs, mais cette fois ne croyez pas que je me sépare de mon ministre et de mon pays; vous voulez la guerre, vous l'aurez; et, s'il le faut, je démusellerai le tigre, il me connait et je sais jouer avec lui, nous verrons s'il vous respectera comme moi [1]. »

Le tigre c'était la révolution. Ces quelques paroles, dites pour Metternich, avaient fort impressionné les cabinets européens. Metternich craignait l'esprit

1. Notes inédites de Duvergier de Hauranne. Thureau-Dangin.

révolutionnaire, et cherchait une transaction pour éviter la patte du tigre. A Berlin et dans toute l'Allemagne le même sentiment d'anxiété dominait, mais ce qui était plus grave pour la France, c'était le progrès de ce grand mouvement national et unitaire qui devait plus tard se faire à ses dépens. L'esprit de revanche de 1815 avait réuni tous les esprits dans le même sentiment national allemand. C'est à cette époque qu'un simple employé, Becker composa sa fameuse chanson qui, en peu de jours, électrisa l'Allemagne et devint comme la Marseillaise du peuple germanique : « Ils ne l'auront plus le libre Rhin allemand. »

Le roi des Belges, Léopold, inquiet pour lui-même, proposa une transaction que Palmerston refusa d'agréer. Personne ne voulait la guerre, et tout le monde sauf le ministre anglais y croyait. M. Thiers avait combiné des plans de mobilisation, de campagne, il cherchait des alliances, mais sans succès : « Je pense, disait-il au ministre de Charles Albert, que vous pourriez très bien cueillir l'artichaut de l'autre côté des Alpes [1]. »

Pendant qu'à Paris l'agitation était au plus haut degré, que le gouvernement redoutait que « Méhémet-Ali ne passât le Taurus et ne fît sauter l'Europe avec lui », et qu'il envoyait au pacha, le comte Walewski pour lui conseiller d'accepter l'Egypte héréditaire et la Syrie viagère, l'escadre de sir Charles Napier apparaissait devant Beyrouth le 14 août.

1. *Mémoires de Guizot.*

Méhémet-Ali avait accepté la transaction du comte Walewski ; M. Thiers en informa aussitôt les cabinets, mais Palmerston n'y trouva qu'un prétexte à persévérer dans son attitude, pensant que M. Thiers céderait jusqu'au bout. Cette résistance de Palmerston lui attira de vives attaques au Parlement anglais. Lord Russell se fit l'adversaire de la politique du premier ministre. Celui-ci néanmoins fut victorieux, mais il comprit qu'il devait changer apparemment de tactique, et pour donner satisfaction à ses adversaires, il présenta une note dans laquelle on peut reconnaître toute sa haine malicieuse ; il y inséra un article qui exigeait l'assentiment du czar ; or, avant qu'il ait pu avoir la réponse de l'empereur Nicolas, Beyrouth aurait été bombardé et sa chute serait un gage éclatant pour sa politique.

Ce qu'il avait prévu, arrivait ; le 3 octobre Beyrouth était bombardé, Ibrahim culbuté, et à Stamboul lord Ponsomby obtenait un firman de déchéance contre Méhémet-Ali. Ainsi Palmerston faisait un double jeu : pendant qu'il temporisait sur un essai de conciliation, il faisait bombarder Beyrouth. « *Napier for ever!* » s'écriait-il.

La cause du pacha semblait à jamais perdue, et « le tonnerre du canon de Beyrouth trouvait son écho dans tous les cœurs français [1]. »

Qu'allait faire M. Thiers ? Donnerait-il libre cours à son humeur belliqueuse ? Il ne trouverait plus d'appui chez le roi qui se refusait à la guerre ; car

---

1. H. Heine.

il comprenait que la France se retrouvait en face de la coalition de 1813. On eut recours à M. de Broglie qui suggéra l'idée d'un ultimatum livrant la Syrie aux hasards de la guerre, mais garantissant l'intégrité de l'Egypte. Cet ultimatum fut transmis (8 octobre) aux puissances, qui surent l'accepter.

Il ne restait plus à M. Thiers qu'à se démettre du pouvoir; un débat patriotique engagé à la Chambre (octobre 1840) fut pour lui une heureuse circonstance; son ministère mis en minorité, il dut démissionner et sa succession fut offerte à M. Guizot.

L'ancien ambassadeur de France à Londres s'occupa immédiatement d'aboutir à une entente sur la question d'Orient; il rencontra partout un accueil favorable; Metternich était impatient de voir cette coalition dissoute, et la France rentrée dans le concert européen. Le czar Nicolas étant arrivé à ce qu'il voulait, ne mettait plus d'obstacle. A Londres, la reine et les ministres, sauf Palmerston, voulurent présenter des propositions acceptables à la France: Palmerston comptait encore sur les événements qui se passaient en Syrie : Saint-Jean d'Acre avait été pris et les troupes égyptiennes étaient défaites; en outre, l'escadre anglaise arrivait devant Alexandrie, le 25 novembre, afin d'intimider le pacha et de lui prescrire l'évacuation de la Syrie par ses troupes et la restitution de la flotte au sultan; en échange il conserverait l'Egypte héréditaire. Méhémet-Ali accepta.

Ce traité entre Napier et Méhémet-Ali satisfaisait

toutes les puissances ainsi que la France qui ne réclamait plus que l'Egypte; mais cette convention ne devait pas trouver le même accueil à Constantinople. Sur les conseils de lord Ponsomby, le sultan refusa de souscrire à ces conditions ; ce fut un prétexte à Palmerston pour tenter une nouvelle campagne contre le pacha : l'Europe était lasse, et Metternich fit pressentir qu'il se retirerait de la coalition si l'on ne laissait pas l'Egypte à Méhémet-Ali. Palmerston dut donc revenir sur ses hardiesses, non sans regret, et convoqua une conférence à Londres le 31 janvier 1841 ; celle-ci enjoignit aussitôt à la Porte de rapporter le firman de déchéance de Méhémet-Ali et de lui garantir l'hérédité.

Pour clore définitivement cette question d'Orient, la rentrée de la France dans le concert européen était nécessaire quoique peu agréable à lord Palmerston et à M. de Brünnow; mais si on le désirait à Vienne et à Berlin, il en était tout autrement à Paris. M. Thiers voulait rester isolé, défiant l'Europe; M. Guizot voulait bien y rentrer avec les conditions suivantes :

1° Que la France fût invitée à rentrer dans le concert européen par les puissances.

2° Que l'Egypte héréditaire fût définitivement garantie au pacha d'Egypte.

3° Que le traité du 15 juillet 1840 fût annulé.

4° Que la clôture des détroits fût préalablement constatée dans un protocole signé des quatre alliés.

5° Qu'il ne fût pas question de désarmement.

Ces conditions parurent acceptables aux puissances, et la conférence rédigea un projet de traité en trois pièces.

La première contenait le protocole de clôture du traité du 15 juillet.

La deuxième reconnaissait le principe permanent de la clôture des détroits.

La troisième comprenait le texte même de la convention en quatre articles.

Après quelques rectifications inévitables, on s'apprêtait à échanger les signatures, lorsqu'on vint à connaître le hatti-schérif concédant l'hérédité au pacha à des conditions tout à fait indignes; le sultan, suivant ce hatti-schérif, avait le droit de choisir le successeur du pacha parmi ses héritiers mâles; Méhémet-Ali devait percevoir tous les impôts au nom de la Porte et en verser le quart au trésor ottoman. L'armée égyptienne était limitée à 1800 hommes. C'était encore l'œuvre de Palmerston et de lord Ponsomby.

La Porte, sur les menaces de Metternich, finit par céder et Méhémet-Ali accepta les nouvelles conditions du sultan. Le conflit était définitivement terminé et le traité fut signé à Londres le 13 juillet 1841.

Enfin, suivant M. d'Haussonville : « Dans cette malheureuse question d'Orient nous marchâmes de mécompte en mécompte. En voulant le maintien de l'empire ottoman, et comme moyen de le préserver, l'intervention préalable des grandes puissances, nous déplaisions à la Russie. En souhai-

tant la reconnaissance par la Porte de la quasi-
indépendance de Méhémet-Ali et pour la mieux
assurer, la concession à titre héréditaire de provinces qu'il possédait viagèrement, nous effarou-
chions l'Angleterre, toujours disposée à nous supposer d'ambitieux projets sur l'Egypte; et nous étions
loin de contenter le reste de l'Europe. »

Il est vrai de dire que si la question était délicate,
elle a surtout été mal engagée et mal conduite par
la diplomatie française, de sorte que par la force
des événements le gouvernement français a été
amené implicitement à abandonner la Syrie. Palmerston également n'a rien fait pour apaiser le
conflit; au contraire, son rêve était de faire échec à
la politique française, politique à la fois conservatrice et révolutionnaire, turque et antiturque; et le
mot de Napoléon Ier : « La Méditerranée est destinée
par la nature à être un lac français, » hantait toujours son esprit.

L'avenir se chargera de démontrer que toutes les
erreurs du présent ont été commises par la France
et que toutes celles que nous constaterons plus tard
seront dues à la politique de Palmerston. Rien
n'est si juste que cette parole de Wellington : « Moi,
j'ai une ancienne idée politique bien simple, mais
bien arrêtée; c'est qu'on ne peut rien faire dans le
monde pacifiquement qu'avec la France. Tout ce
qui est fait sans elle compromet la paix. Or on veut
la paix, il faudra donc s'entendre avec la France. »

4

V

GUERRE DE CRIMÉE. — TRAITÉ DE PARIS [1].

Sommaire. — Question des Lieux Saints. — Mission Mentchikof à Constantinople. — Entente anglo-française. — Convention du 10 avril. — Attitude de la Prusse. — Note du 8 août. — Conférence de Vienne. — Avénement du czar Alexandre II. — Chute de Sébastopol. — Congrès de Paris.

Pour avoir réussi à isoler la France en 1840, le czar Nicolas pensait que cet isolement devait persister; c'est alors qu'en 1853, il pensa profiter des troubles qu'avait créés dans tous les Etats la révolution de 1848 et le nouvel avénement de Napoléon III, héritier d'un nom qui ne pouvait qu'inspirer de la méfiance, pour donner libre carrière au

1. Voir les *Quatre ministères de M. Drouyn de Lhuis*, par le comte d'Harcourt; — *L'Annuaire des Deux Mondes*, 1853-54, 1855-56; *Histoire de la Russie*, de M. Rambaud.

panslavisme qui n'avait jamais cessé d'être le véritable guide de la politique russe.

En 1850, la Russie avait sur l'Europe une influence toute prépondérante; elle avait humilié la France et rendu service à l'Angleterre en 1840 ; c'était encore elle qui avait écrasé l'insurrection hongroise en 1848 : aussi, fort de tels services, le dompteur des révolutions, le czar Nicolas se faisait-il fort de résoudre seul la question d'Orient et à son profit. On avait déjà eu l'occasion, dans les chancelleries, de remarquer la hauteur du czar; on fut néanmoins tout étonné lorsque dans la lettre accréditant le comte Kessileff près de Napoléon III, le czar Nicolas évita de se servir de l'expression d'usage : « *Monsieur mon frère.* » Ce manque d'égards pouvait paraître suspect.

L'état de l'Europe semblait apparemment servir à souhait les desseins de Nicolas. En effet, l'Allemagne ressentait encore les secousses de la révolution de 1848. En France, Napoléon III venait de faire son coup d'Etat ; et l'Angleterre, qui avait eu tant de confiance dans la Russie en 1840, lui témoignait toujours la même faveur; en outre toute alliance entre les vainqueurs et les vaincus de Waterloo semblait au czar une impossibilité morale.

Les occasions ne faisant jamais défaut à celui qui veut soulever un conflit en Orient, le czar n'eut pas de peine à trouver un prétexte dans un incident religieux.

Depuis des siècles les catholiques latins et les Grecs se disputaient la possession des Lieux Saints en

Palestine : les Latins avaient à l'appui de leurs revendications un traité conclu entre la Sublime Porte et la France en 1740. Selon l'article 330 de ce traité : « les religieux latins résidant en dehors et en dedans de Jérusalem et dans l'église du Saint-Sépulcre, dite Carnané, resteront en possession des lieux de pèlerinage de la même manière qu'ils les ont possédés par le passé. » Or les Grecs tenaient neuf sanctuaires sur dix-neuf concédés aux Latins et de plus ils avaient mutilé les tombeaux de Godefroid de Bouillon et de Baudoin, après avoir enlevé de l'église de la Nativité l'étoile d'argent, témoignage réel de l'ancienne possession des Latins.

Devant de tels faits les catholiques latins n'hésitèrent pas à présenter leurs plaintes au gouvernement français, qui s'empressa également de les communiquer à la Sublime Porte. Cette puissance d'accord avec le gouvernement français forma une commission mixte composée de Grecs et de Latins, sous la présidence d'Emin-Effendi, quand survint une note du czar réclamant le statu quo de la question des Lieux Saints. Cette commission qui s'était déjà montrée favorable aux Latins fut dissoute ; et une nouvelle commission, dite d'enquête, et composée de Musulmans fut instituée : elle accordait aux Latins le droit d'officier dans la chapelle du tombeau de la Vierge ; aux Grecs, le même droit dans la coupole de l'Ascension, privilège toujours réservé aux Latins, et par un nouveau firman le sultan rapportait le traité de 1740.

Sur les protestations de M. de Lavalette, ambassadeur de France à Constantinople, Fuad-Effendi, le nouveau ministre de la Porte, reprit le traité de 1740 avec l'engagement de l'exécuter. C'est alors que le czar Nicolas envoya à Constantinople le général Mentchikoff exposer à la Porte tous les griefs que la Russie pouvait avoir contre elle et contre la France, méconnaissant les droits de celle-ci, même basés sur la foi des traités. Dès le début de cette affaire, la Russie manqua de modération; elle se flattait que l'Europe obéirait à ses injonctions, en refusant de régler cette question à l'amiable et en appuyant ses prétentions vaniteuses par des concentrations de troupes sur la frontière turque [1].

Malgré ses fanfaronnades, le czar voulait cacher le véritable but de ces démonstrations militaires et de la mission Mentchikoff.

A Londres, le comte Nesselrode écrivait que cette mission n'avait d'autre but que de régler la question des Lieux Saints.

A Constantinople le général Mentchikoff était arrivé et reçu avec toute la pompe usitée en semblable circonstance; le 28 février, lors des visites officielles, Mentchikoff passa devant le cabinet de Fuad-Effendi sans y entrer, refusant ainsi de traiter avec ce ministre. Devant cet affront sans exemple, le ministre ottoman démissionna et fut remplacé par Rifaat-Pacha.

---

1. Voir les articles de M. Forcade dans la *Revue des Deux Mondes* (mars 1854).

4.

Il fut facile dès lors de reconnaître les intentions réelles de la Russie ; le grand vizir ne s'y méprit pas et se hâta de prévenir le colonel Rose et M. Benedetti de ce qui se passait, demandant l'appui de l'escadre britannique : « La Turquie sera perdue, disait-il, avant que les réponses de l'Angleterre et de la France aient pu arriver. »

Tandis que ces événements avaient lieu à Stamboul, Nesselrode renouvelait au cabinet de Londres ses sentiments de sympathie, tout en cherchant à le séparer du cabinet des Tuileries ; mais on commençait de comprendre que sous la question des Lieux Saints s'agitait la question d'Orient tout entière ; le colonel Rose avait dévoilé tous les plans de Mentchikoff, et Rifaat-Pacha lui révéla que l'envoyé moscovite était venu à Stamboul pour conclure un autre Unkiar-Skelessi, mais plus grave, et qu'il avait défendu à Rifaat-Pacha d'en parler aux ambassadeurs de France et d'Angleterre sous peine d'une déclaration de guerre immédiate.

L'ambassadeur russe proposait à la Porte 400,000 hommes et la flotte russe, à condition qu'en retour, elle consentît à placer sous le protectorat russe l'Eglise grecque tout entière ; certains privilèges temporels seraient, en outre, accordés aux patriarches de Constantinople, d'Antioche, d'Alexandrie ; aucun prélat ne pourrait être nommé ni déposé sans l'avis préalable des représentants russes.

Soumises à un conseil réuni extraordinairement, ces propositions furent repoussées par 42 voix contre 3. Aussitôt Mentchikoff quitta Constantinople

(21 mars 1853) et le 31 du même mois la Porte recevait un ultimatum basé sur les propositions Mentchikoff, et menaçant en cas de rejet d'envahir les principautés.

Le 3 juillet 1853, les Russes franchissaient le Pruth.

Les premiers succès des Turcs sur le Danube produisirent une impression très favorable, d'autant plus que la destruction de la flottille d'Osman-Pacha à Sinope avait été une agression flagrante. Les puissances occidentales se décidèrent dès lors à faire entrer leurs escadres dans la mer Noire.

La Russie demanda des explications sur la présence des escadres anglaise et française ; il lui fut répondu par un ultimatum exigeant l'évacuation des principautés.

C'était la guerre à bref délai ; la France entra en pourparlers avec l'Angleterre ; il fut déjà signé à Constantinople un traité avec la Turquie (12 mars) et le 10 avril on allait conclure à Londres la convention définitive.

Depuis longtemps le gouvernement français avait déjoué les projets du czar et les avait communiqués au cabinet anglais, mais celui-ci s'était laissé endoctriner par le czar parce qu'il avait encore l'esprit de 1840. Pour comprendre l'attitude de l'Angleterre, il est intéressant de connaître certains entretiens de Nicolas avec l'ambassadeur britannique.

A un bal donné chez la grande duchesse Hélène de Russie (9 janvier 1853), le czar s'entretint avec sir Hamilton Seymour de la situation de la Turquie, la représentant comme très critique : « Il est important, disait le czar, que l'Angleterre et la Russie s'accordent à ce sujet et qu'aucune de ces deux puissances ne fasse un pas décisif à l'insu de l'autre. » Plus tard, revenant sur cette conversation, il ne craignait pas de proposer à sir Hamilton Seymour un projet de partage de « *l'homme malade* » entre l'Autriche, la Russie et l'Angleterre ; la France en serait exclue.

L'ambassadeur anglais ayant rapporté ces entretiens à son gouvernement, lord Russel s'empressa de lui répondre, le 9 février, que : « La grande prévoyance des amis du malade deviendrait la cause de sa mort. » Le czar ne se découragea pas, il revint encore au même sujet : « Je vous le répète, disait-il à Seymour, le malade se meurt et nous ne pouvons jamais permettre qu'un tel événement nous prenne au dépourvu. L'empire ottoman est une chose qu'on peut tolérer et non consolider. — Les principautés sont de fait un état indépendant sous ma protection, c'est une situation qui peut continuer, la Serbie peut recevoir la même forme de gouvernement et la Bulgarie aussi. Pour ce qui est de l'Egypte, je comprends l'importance de ce territoire pour l'Angleterre ; j'en dirai autant de Candie ; cette île peut vous convenir et je ne vois pas pourquoi elle ne deviendrait pas possession anglaise. Ce n'est point un engagement, une convention que je lui demande, c'est un libre échange d'idées et au besoin une parole de gentleman. Entre nous cela suffit. »

Telles étaient les propositions et les promesses

que l'empereur Nicolas faisait miroiter devant l'Angleterre ; mais celle-ci craignait beaucoup trop les ambitions de la Russie pour se prêter le moins du monde à un semblable projet. Rebuté de l'Angleterre, Nicolas s'adressa dès lors à la France dans le coupable espoir de la convaincre ; il rappelait à Napoléon III les souvenirs de Tilsitt.

Rien n'y fit. La publication des entretiens du czar avec Seymour mirent sous leur vrai jour les desseins de la Russie [1].

Dès l'origine du différend, l'Autriche envoyait à Saint-Pétersbourg un général porteur d'une lettre de François-Joseph pour lui offrir sa médiation ; le czar n'en tint aucun compte, et fit occuper les principautés. C'est alors que le projet de note proposé par la France fut accepté par l'Autriche, et une conférence fut instituée à Vienne.

Il était évident que l'intérêt de l'Autriche était d'être purement conservatrice et de s'allier avec les puissances occidentales. Quant à la Prusse, soumise respectueusement à la Russie, elle n'avait pas rompu les vieilles intimités des Hohenzollern avec les Romanof ; cependant la question du Danube faisait partie de la question d'Orient et devait l'intéresser particulièrement.

De son côté, pour enlever toute apparence de fondement aux prétentions du czar, Rechid-Pacha, ministre des affaires étrangères de la Porte, se hâta d'opérer toutes les réformes nécessaires de façon à

[1]. *Annuaire des Deux Mondes*, 1853-54.

régénérer « *l'homme malade* » ; des forces militaires considérables furent levées, de nouveaux privilèges furent octroyés aux chrétiens.

Sitôt que les projets du czar furent démasqués, l'Autriche n'hésita pas à se porter vers la France ; mais si elle voulait conclure une alliance, elle le voulait faire avec une extrême prudence.

Le 10 avril 1854, le Cabinet de Vienne signait avec la France une convention par laquelle les deux puissances s'engageaient à rétablir la paix entre la Russie et la Turquie, à faire évacuer les principautés. L'article 3 de ce traité stipulait que toute négociation serait prise en commun, et par l'article 4 les parties contractantes renonçaient à tirer quelque avantage des événements quels qu'ils soient et acceptaient les autres alliances qui voudraient se produire.

En outre, la France et l'Angleterre, d'une part, avaient conclu (12 mars 1854) avec la Sublime Porte, un traité par lequel les deux puissances s'engageaient à protéger l'intégrité ottomane ; et l'Autriche de son côté avait conclu un traité semblable avec la Porte (14 juin 1854).

Le traité du 10 avril remis à tous les gouvernements produisit en Europe une profonde impression ; le désintéressement des puissances occidentales dans cette question attirait à elles les autres États. Le Danemark, la Belgique, le Piémont, la Suède répondirent favorablement à ce traité ; la Prusse hésitait : M. de Manteuffel avait cherché à éviter un conflit et, dans ce but, il avait envoyé à

Londres, **M.** de Grœben, général de cavalerie, qui, d'ailleurs, échoua complètement dans sa mission : « On m'a envoyé, disait à ce propos lord Clarendon à son chargé d'affaires à Berlin, pour m'expliquer une chose inexplicable, un homme qui ne sait pas s'expliquer. »

L'esprit n'était plus le même à Londres et à Berlin. A Saint-James on redoutait enfin l'ambition moscovite ; et à Berlin le roi Frédéric Guillaume IV, monarque idéologue, rêvait de planter la croix sur Sainte-Sophie. Il croyait que le czar, en réclamant le protectorat des Grecs, obéissait à ses sentiments chrétiens.

Néanmoins, redoutant une rupture après la tentative Mentchikoff, il écrivit une lettre à l'empereur Nicolas : « J'ai écrit, disait-il, une lettre à Saint-Pétersbourg, je puis le dire, avec mon sang, pour supplier l'empereur de céder à la raison ; s'il ne cède pas, je lui déclare que je l'abandonne et que rien ne pourra le justifier à mes yeux. [1] » Il se résigna toutefois à signer avec l'Autriche une convention de garantie mutuelle, s'engageant à fournir 150,000 hommes à cette puissance au cas où elle serait attaquée par la Russie, de sorte que les quatre puissances se trouvaient ainsi réunies : la Prusse avec l'Autriche et celle-ci avec la France et l'Angleterre. La Prusse refusa de changer ce protocole en traité.

On remplaça dès lors ce projet de traité par une

---

1. Rothan. *La Prusse et son roi pendant la guerre de Crimée* (article paru dans la *Revue des Deux Mondes*, janvier 1888).

note, dite du 8 août, demandant : 1° Abolition du protectorat russe sur les principautés. 2° Liberté de navigation sur le Danube. 3° Révision du traité de 1841. 4° Abandon du protectorat sur les sujets grecs. Les deux puissances occidentales communiquèrent cette note à l'Autriche, espérant l'entraîner par suite du refus de la Russie; mais à Vienne on se garda bien de considérer la réponse hautaine de Saint-Pétersbourg comme un *casus belli*, la seule politique préconisée par l'Autriche consistait à temporiser.

Cependant les victoires remportées par les alliés sur les Russes, la chute de Varna et l'expédition de Crimée, stimulèrent le cabinet de Vienne; il consentit à adhérer à un nouveau projet de traité (2 décembre).

L'article Ier de ce projet rappelait les déclarations de la note du 8 août. Aucune puissance alliée ne devait entrer en arrangement avec la Russie avant d'en avoir délibéré en commun.

L'article 2 stipulait que l'empereur François-Joseph devait défendre la frontière des deux principautés contre tout retour des forces russes; et il instituait une conférence à Vienne entre les quatre puissances, l'Angleterre, la France, l'Autriche et la Russie.

Par l'article 3, une alliance défensive et offensive était contractée par les trois souverains alliés.

Ce traité du 2 décembre était un résultat inespéré, car ce ne fut pas sans peine que l'Autriche pût être amenée à rompre avec son allié d'autre-

fois, mais elle espérait que tout conflit serait écarté.
De son côté, l'empereur Nicolas croyait s'être attaché à jamais l'Autriche par les services qu'il lui
rendit, en 1848, en réprimant l'insurrection hongroise. Le mot de Schwartzenberg devait toujours
être vrai : « L'Autriche étonnera le monde par son
ingratitude. »

Le czar envoya le prince Gortchakof à Vienne pour
dissoudre cette alliance; il entretenait la défiance
contre Napoléon III, qu'il savait déjà passionné
pour la cause italienne. En cela, il ne se trompait
pas, car Cavour commençait déjà à jouer le monarque français; le traité d'alliance entre le Piémont
et la France, signé le 26 janvier 1855, et l'envoi
d'un corps d'armée piémontais en Crimée devaient
attendre leur récompense en 1859.

Gortchakof cherchait à créer aussi un désaccord
entre François Joseph et son ministre le comte de
Buol, car il savait que c'était ce dernier qui avait
conclu le traité du deux Décembre. Cependant le
plénipotentiaire russe n'ayant pas accepté les bases
des premières négociations demanda le 28 décembre quinze jours de délai pour connaître l'avis de
son gouvernement; la réponse ne se fit pas attendre
car le czar adhérait purement et simplement. En
ouvrant ses premières séances (16 mars 1855), la
conférence de Vienne reconnut la question turque
comme étant éminemment européenne, en posant ce
principe: « Vu les grandes relations de l'empire ottoman avec les gouvernements d'Europe, la Sublime
Porte a pleinement le droit de se trouver d'une sû-

reté collective et d'être comprise dans le concert européen. » Le prince Gortchakof après avoir discuté les articles du protocole, accepta les deux premiers, mais refusa d'adhérer au troisième relatif à l'entrée de la Turquie dans le droit général de l'Europe et à la cessation de la prépondérance russe sur la mer Noire : « J'ai saisi, disait ce diplomate russe, dans le memento, des passages que repousse la dignité de ma cour; nous n'en sommes pas aux Fourches-Caudines et je crois parler au nom d'une grande puissance. Vous voulez mettre fin à notre prépondérance dans la mer Noire, et par quels moyens? Est-ce par l'engagement de démolir et de ne pas reconstruire nos forteresses? Eh bien! je vous réponds de suite que c'est six années de guerre, et nous l'acceptons avec l'Europe... J'ai consenti à mettre mon nom à une paix de sacrifices, mais pas de ceux qui porteraient atteinte à la dignité de mon gouvernement et à l'honneur de mon pays. »

Après ce langage hautain, le prince Gortchakof présenta un nouveau memento semblable quant au fond à celui des puissances alliées, mais différent par la rédaction : M. Drouyn de Lhuis, ministre des affaires étrangères de France, délégué à Vienne, proposa, à la suite de cet incident, un projet de neutralisation de la mer Noire ou du moins un système de limitation dans les forces navales. Ce projet déplut à Napoléon, alors chez la reine Victoria à Osborne, et le 7 mai M. le comte Walewski remplaçait à Vienne M. Drouyn de Lhuis, démissionnaire.

C'était la flotte que l'on désirait atteindre, car c'est le seul moyen efficace de la Russie contre la Turquie. Sir John Russel, délégué anglais à Vienne, proposait l'accroissement proportionnel, mais ce système était encore plus onéreux que celui de M. Drouyn de Lhuis qui prenait l'effectif de 1853 comme base du traité. Napoléon III ne voulait pas entendre parler du *statu quo ante bellum* ; et c'est pénétré de cette idée qu'il écrivit à M. Drouyn de Lhuis à son retour de Londres : « Pour rien au monde je n'accepterai quoi que ce soit qui maintienne l'état d'avant la guerre. »

La démission de M. Drouyn de Lhuis n'eut pour effet que de ralentir les négociations diplomatiques et de faire échouer la conférence de Vienne, qui dut se rompre, sur le refus du prince Gortchakof d'admettre la limitation des forces navales de la Russie dans la mer Noire.

Sébastopol devait résoudre la question.

Car après avoir subi des échecs successifs, les Russes étaient contraints d'évacuer les principautés ; les iles d'Aland et la citadelle de Bomarsund avaient été bombardées, et enfin les troupes alliées après avoir transporté le théàtre de leurs opérations en Crimée avaient infligé aux Russes les glorieuses défaites de l'Alma, d'Inkermann, de Balaklava, et portaient le siège devant Sébastopol (9 octobre 1854).

Les échecs de ses armées et de sa politique causèrent, en partie du moins, la mort du czar Nicolas ; il reconnaissait tardivement qu'il avait fait fausse route ; mais l'amour-propre le retenait dans ses erreurs : « Mon successeur, disait-il, fera ce qu'il lui plaira, moi je ne peux changer. » Et il adressait lui-même cette dépêche à Saint-Pétersbourg : « L'empereur se meurt. » Il mourut, ne pouvant survivre à ses désastres ainsi qu'aux imprécations de son peuple.

« Lève-toi, Russie, disait un pamphlet anonyme, dresse-toi calme devant le trône du despote, demande-lui compte du désastre national [1]. »

Le roi de Prusse profita de la circonstance pour déclarer que la douleur l'empêchait de songer à la politique et qu'il ne pouvait participer aux conférences de Vienne.

Ce fut avec un certain plaisir mêlé d'espoir qu'on salua l'avénement d'Alexandre II : on pensait avec raison qu'il comprendrait les souffrances de son peuple et qu'il terminerait cette guerre qui épuisait la Russie.

Les conférences de Vienne dissoutes, la diplomatie chôma jusqu'à la chute de Sébastopol, qui retentit en Europe comme un coup de foudre le 8 septembre 1855.

Cette simple dépêche du général anglais Simpson annonçait au monde la glorieuse chute de Sébastopol.

« Les forces alliées ont attaqué les défenses de Sébastopol aujourd'hui à midi.

» L'assaut contre Malakof a réussi et cet ouvrage est au pouvoir des Français. L'attaque des Anglais contre le Redan n'a pas réussi. »

1. Rambaud, *Histoire de la Russie.*

De ce jour la France prenait sur les autres puissances une prépondérance incontestable; les États indécis se tournèrent dès lors vers Paris.

La Suède s'empressait (21 novembre 1855) de conclure un traité d'alliance défensive avec la France; elle réclamait à la Russie le golfe de Varanger; et le roi de Suède envoyait à Paris un amiral porter le grand cordon de l'ordre des Séraphins à l'empereur, tandis que Napoléon III envoyait à Stockholm le général Canrobert porter le grand cordon de la Légion d'honneur au monarque suédois. Le Danemark avait également remis à l'empereur des Français l'ordre de l'Éléphant.

Comme il ne restait plus rien à faire, le cabinet autrichien crut devoir se mettre en évidence, il proposait à Paris et à Londres les conditions préliminaires à présenter à Saint-Pétersbourg.

Ce projet reposait sur les quatre points des notes du 8 août 1854; l'Autriche s'engageait à rompre avec la Russie si cette nation n'acceptait pas le projet dans un délai de trois semaines. Les puissances occidentales profitèrent des bonnes dispositions de l'Autriche et acceptèrent son projet que l'on communiqua au gouvernement russe : celui-ci accepta purement et simplement.

Cette adhésion subite et formelle de la Russie provoqua une certaine méfiance; on ne croyait pas à la sincérité de son acceptation. Cependant c'était la vérité. On s'occupa dès lors de choisir une ville où l'on pourrait entamer les nouvelles négociations; toutes les puissances furent unanimes à reconnaître que la France ayant été tout à la peine devait être tout à l'honneur. Paris fut donc désigné comme le lieu d'ouverture des négociations, par un protocole signé à Vienne le 1er février 1856.

Le czar Alexandre II dépêcha à Paris le comte Orloff annoncer à Napoléon l'acceptation du projet de traité proposé par l'Autriche : « Eh bien! M. le comte, dit l'empereur Napoléon au premier entretien du comte Orloff, nous apportez-vous la paix? » — « Sire, je viens la chercher, » répondit l'ambassadeur russe.

La diplomatie moscovite avait baissé de ton depuis quelques mois; déjà le prince Gortchakof avait lancé un appel dissimulé : « Nous sommes condamnés par les événements à rester muets, mais nous ne sommes pas forcés d'*être sourds* [1]. »

A Berlin, on sommeillait; il ne fallut rien moins que les énergiques remontrances de M. de Buol, de lord Bloomfield et du marquis de Moustier pour contraindre le roi de Prusse à sortir de sa politique expectante : ce monarque se résigna à envoyer une lettre à Alexandre; elle avait le mérite d'arriver à propos pour fournir au czar un prétexte à demander la paix.

Sitôt Paris désigné, les puissances s'empressèrent d'y envoyer leurs représentants.

La France était représentée par le comte Walewski et le baron de Bourqueney, ambassadeur à Vienne; l'Angleterre par lord Clarendon et lord Cowley;

---

1. Rothan, *La Prusse et son roi pendant la guerre de Crimée.*

l'Autriche par le comte de Buol et le baron de Hübner ; la Turquie par le grand vizir Aali-Pacha et Méhémet Djemil Bey ; la Sardaigne par le comte de Cavour et le marquis de Villamarina ; la Russie par le comte Orlof et le baron de Brünnow. Le congrès s'ouvrit définitivement à Paris le 25 février 1856 à l'hôtel du ministère des affaires étrangères.

La présidence fut dévolue au comte Walewski ; c'était un hommage rendu au ministre français et à l'Empereur ; la rédaction des protocoles fut confiée à M. Benedetti, alors directeur des affaires politiques au ministère des affaires étrangères.

Sur la proposition du comte Walewski on accepta comme bases des préliminaires, le protocole signé à Vienne le 1er février, et l'on conclut aussitôt un armistice qui cesserait *ipso facto* le 31 mars suivant, s'il n'était pas renouvelé auparavant.

La discussion s'engagea sur le troisième point ; c'était le seul obstacle présumé ; contre toute attente aucune opposition sérieuse ne lui fut présentée.

Le 6 mars on aborda la question du Danube ; on accepta la proposition française tendant à étendre le principe de la libre navigation sur tout le cours du fleuve.

La question la plus importante concernait les principautés : la Moldavie et la Valachie devaient-elles être réunies ? Les opinions se partagèrent. Walewski, Orlof et Cavour admirent la réunion des principautés ; au contraire, Aali-Pacha et le comte de Buol prétendirent que leur réunion serait une cause permanente de troubles. Devant ces difficultés, on se con-

tenta d'élaborer les bases du régime à instituer
dans les deux principautés.

Pour satisfaire les exigences de la Russie au sujet de la prédominance qu'elle prétendait s'octroyer
sur les Grecs de la Turquie, Aali-Pacha déclara que
de nouveaux privilèges seraient accordés aux chrétiens par un hatti-schérif qu'il se proposait de rappeler à la clôture du Congrès et de joindre au traité
de Paris.

La question des détroits fut plus complexe, car il
fallait convoquer les puissances signataires du traité
de 1841. La Prusse était de ce nombre ; or, l'attitude
que cette puissance avait prise durant le cours de
toutes les négociations lui avait été peu favorable ;
l'Angleterre et l'Autriche ne lui pardonnaient pas ses
indécisions ; la Russie avait également à s'en plaindre ; cependant le roi Frédéric Guillaume faisait
bien tout son possible pour être admis au congrès ;
le peuple de Berlin suivait avec anxiété ce qui se
passait à Paris.

M. de Manteuffel s'adressa au marquis de Moustier,
notre ambassadeur en Prusse, pensant trouver en
lui un appui favorable à sa cause ; il ne se trompait
pas, car si la Prusse fut admise, elle ne le dut qu'à
la ferme insistance de MM. de Moustier et Walewski.
Notre ministre réussit à faire envoyer par le congrès l'invitation suivante : « Le congrès, considérant
qu'il est d'un intérêt européen que la Prusse signa-
taire de la convention conclue à Londres le 13 juillet 1841, participe aux nouveaux arrangements à
prendre, décide qu'un extrait du protocole de ce

jour sera adressé à Berlin par les soins de M. le comte Walewski, organe du congrès, pour inviter le gouvernement prussien à envoyer des plénipotentiaires à Paris. »

Ce fut une véritable joie à la cour de Prusse de recevoir cette convocation, car elle avait toute raison pour se croire exclue du congrès. M. de Manteuffel et le comte de Hatzfeld, représentants de la Prusse, furent admis à la séance du 18 mars 1856.

Le traité fut définitivement conclu et signé le 31 mars 1856; il plaçait la France dans une position exceptionnellement favorable; ce fut un malheur pour elle de ne pas avoir su en profiter.

« Quand on lit le traité de Paris, disait M. de Bourqueney à M. de Beust, on se demande quel est le vainqueur. »

Telle est l'impression qui se dégage de ce traité; elle s'explique facilement, car dès cette époque, l'empereur Napoléon tendait la main au czar, cherchant à rapprocher la France de la Russie. M. de Bismark l'avait parfaitement compris, aussi disait-il déjà en 1856 :

« Si une alliance franco-russe venait à se conclure avec des visées belliqueuses, nous ne pourrions pas être au nombre de ses adversaires, parce que, j'en suis convaincu, nous succomberions. »

B.

VI

APPLICATION DU TRAITÉ DE PARIS [1].

Le Congrès de Paris venait de consacrer la nouvelle politique de l'empereur Napoléon III, politique déjà entrevue en 1839 par M. Guizot : « Maintenir l'empire ottoman pour maintenir l'équilibre européen, et quand par le cours naturel des faits quelque démembrement s'opère, quelque province se détache de cet empire en décadence, favoriser la transformation de cette province en une souveraineté nouvelle et indépendante qui prenne place dans la

1. Voir l'*Annuaire des Deux Mondes* correspondant à l'époque des événements.

famille des Etats. » Le traité de Paris avait eu à tenir compte des aspirations des différentes peuplades chrétiennes qui composent la péninsule balkanique ; depuis longtemps l'esprit national s'était réveillé chez chacun de ces peuples et la longue et glorieuse insurrection hellénique n'avait fait que développer ce sentiment.

Les principes étant posés par le congrès, restait à les appliquer.

La première clause du traité de 1856 qui devait s'imposer était la question des principautés dont l'autonomie avait été reconnue ; devait-on les réunir sous un même régime, ou leur donner une constitution particulière à chacune ; telles étaient les deux opinions partagées par les membres du Congrès.

La Turquie, une fois la paix signée, ne songeait plus qu'à ses intérêts, la Russie n'étant plus à craindre : « Il y a deux manières de saisir un charbon ardent, disait un officier turc, un imbécile le saisit avec les doigts et se brûle, l'homme habile prend les pincettes. Les puissances alliées sont les pincettes avec lesquelles nous avons saisi la Russie [1]. » Telle était à peu près l'opinion générale en Turquie ; le chrétien n'avait fait que son devoir en secouant l'Islam menacé. Aussi le gouvernement turc devait-il s'opposer à tout démembrement de sa souveraineté. Aux conférences de Vienne, la Porte acceptait la réunion des principautés sous le gouver-

---

1. Saint-Marc Girardin. — *Revue des Deux Mondes*, 15 novembre 1858.

nement d'un prince étranger. Au Congrès de Paris la Porte avait déjà changé d'attitude, elle se sentait appuyée par l'Autriche : comme on n'avait pu trancher la question, on s'était entendu sur la consultation directe des populations.

L'article 23 du traité dotait les principautés d'une constitution, et les articles 24 et 25 indiquaient la procédure à suivre pour élaborer cette constitution ; ils stipulaient en outre qu'une commission se tiendrait à Bucharest et une conférence également à Paris.

La Roumanie paraissait à la Turquie comme une seconde Grèce ; et le gouvernement ottoman craignait que l'influence de la Russie ne s'y développât.

Le gouvernement français, inaugurant sa politique des nationalités en Orient, eut tort de ne pas faire prévaloir ses projets au Congrès de Paris : il pensait en effet que la Roumanie puissante et unie serait un précieux avantage pour la Turquie. La Sardaigne, la Prusse et la Russie se rangèrent du côté de la France ; au contraire, l'Autriche et l'Angleterre appuyèrent la Porte, qui, dès lors, avait tout intérêt à persévérer dans cette voie. La politique française fut donc tenue en échec et c'est précisément cet échec que les adversaires de l'union des principautés qualifiaient de *Waterloo diplomatique*.

Une circulaire du comte Walewski établissait les bases d'une constitution moldo-valaque suivant les principes de 1789 ; le gouvernement français cherchait à flatter les populations danubiennes ; il faisait erreur, car ces peuples ne pouvaient pas encore comprendre la hauteur de tels principes. « En Orient, dit M. Saint-Marc Girardin, il n'y a qu'un esprit d'indépendance nationale et chrétienne, il y a des Grecs, des Serbes, des Bulgares, des Monténégrins, des Roumains, il n'y a pas de Jacobins. »

Comme il en était convenu, le sultan promulgua (1859) un firman invitant les électeurs à élire des représentants dans les principautés; mais ce firman était d'une telle obscurité qu'il fallut recourir aux auteurs pour en faire expliquer le sens. C'était un moyen pour la Sublime-Porte de temporiser.

Cependant Vogoridès, caïmacan de Moldavie, déclara qu'il n'y avait pas besoin d'insister sur l'interprétation du firman et que les listes électorales seraient publiées immédiatement; il était soutenu dans ses projets par ses partisans adversaires de l'union, et par les ministres d'Angleterre, d'Autriche et de Turquie. En présence de ces faits, les représentants de la France, de la Russie, de la Prusse et de la Sardaigne refusèrent de donner suite au projet de Vogoridès, qui dissimulait une habile manœuvre. Une conférence fut instituée (30 mars 1857) pour interpréter le fameux firman que personne n'avait compris : Vogoridès, loin de se conformer aux travaux de cette conférence, se hâta de publier les listes électorales par une série de honteux subterfuges. Les représentants des puissances unionistes demandèrent à la Porte de différer les élections de quinze jours, tandis qu'au contraire, les ambassadeurs d'Autriche et d'Angleterre demandaient qu'elles aient lieu de suite. La Porte suivit le conseil de ces dernières puissances et Vogoridès put procéder tout à son aise à ses manœuvres électorales.

Devant cette attitude de la Porte, la France et les autres Etats partisans de l'union rédigèrent un ultimatum demandant l'annulation d'élections aussi scandaleuses.

Selon sa coutume, le Divan fit des réponses ambiguës et ne donna aucune satisfaction à ces plaintes : Rechid-Pacha avait bien quitté le pouvoir, mais les élections n'en restaient pas moins valables. Il fallait intimider la Porte, et le 5 août les relations diplomatiques furent rompues à cet effet entre la Porte et la France, la Russie, la Sardaigne et la Prusse. L'empereur Napoléon III rendant visite, à Osborne, à la reine d'Angleterre, une entente eut lieu entre les deux souverains. L'Angleterre se ralliait à l'opinion du cabinet français. L'Autriche pour ne pas rester isolée suivit cet exemple, et la Porte dut, bon gré, mal gré, annuler les élections. Elles recommencèrent et dans chaque principauté elles furent favorables à l'union. Le Divan de Valachie adopta quatre principes comme bases d'une constitution :

1º Garantie de l'autonomie, neutralité du territoire moldo-valaque.

2º Union de la Roumanie en un seul Etat et sous un seul gouvernement.

3º Adoption d'un prince étranger avec hérédité au trône.

4° Gouvernement constitutionnel représentatif.

Le Divan moldave adopta à peu près les mêmes principes.

La Conférence réunie à Paris (22 mai 1858) examina aussitôt les principes énoncés dans ces deux nouvelles assemblées. L'Autriche, l'Angleterre, la Turquie repoussèrent de nouveau l'union : le comte Walewski élabora alors un nouveau projet constituant une demi-union. La commission accepta non sans peine les nouvelles propositions françaises qui devinrent le règlement organique des principautés ; elles se réduisaient aux articles suivants :

L'article I stipulait que les deux principautés seraient constituées sous la dénomination de Principautés unies de Moldavie et de Valachie.

L'article II reconnaissait l'existence de certaines capitulations de la Porte. Chaque province devait avoir son assemblée législative.

La convention garantissait en outre l'autonomie de chaque principauté, et le gouvernement était confié à un hospodar; il n'y aurait qu'une loi pour les deux provinces.

Un hatti-schérif du Sultan promulgua cette constitution (19 août) et les représentants furent convoqués à élire un hospodar dans chaque province [1].

Cette constitution bicéphale fut une déception pour

1. Les Roumains offrirent la candidature au prince Napoléon, par reconnaissance des services rendus par le gouvernement français; mais le proverbe moldave « Dieu est trop haut et la France est trop loin, » était toujours vrai et l'empereur Napoléon III ne pouvait accepter cet hommage.

les populations roumaines; elles protestèrent en nommant le colonel Couza dans les deux principautés comme chef de l'Etat. Cette élection donnait un gage éclatant à la politique française ; elle impressionna vivement les cabinets européens : c'était un véritable coup d'Etat.

De nouvelles difficultés se présentaient, la constitution décidait qu'il y aurait deux hospodars et les adversaires de l'union ne manquèrent pas de contester la légalité de cette double et même élection ; il fallut recourir à la conférence, qui se réunit de nouveau le 13 avril 1859.

La Sublime Porte demandait à son tour l'annulation de cette élection, mais elle était seule à la demander; la conférence prit la décision qui s'imposait ; elle reconnut pour cette fois exclusivement la double élection du colonel Couza (protocole du 6 septembre 1859).

Le sultan octroya au colonel Couza deux firmans, l'un lui conférant l'investiture pour la Valachie, l'autre pour la Moldavie.

En définitive, les principautés ont obtenu ce qu'elles ont voulu et les puissances ne peuvent constater que l'échec de leur œuvre.

Cette constitution si anormale était beaucoup trop délicate pour qu'elle pût avoir une durée quelconque ; elle ne produisait aucun avantage pratique et paralysait complètement les intérêts locaux. Le prince Couza, dans une visite qu'il fit au sultan, en 1860, l'entretint de ces difficultés et lui demanda de fusionner les deux assemblées roumaines en une seule. La Porte reconnut la justesse de ces observations et, le 4 septembre 1861, un firman autorisait la fusion complète des deux assemblées pour la durée du principat de Couza. Les puissances signèrent également cette nouvelle modification. Le gouvernement du prince Couza fit d'importantes réformes ; un Sénat, un Conseil d'Etat furent établis ; c'était une nouvelle violation de la constitution ; les Puissances ne pouvaient qu'abdiquer leurs droits et ratifièrent ces nouvelles réformes (4 juin 1864).

Un coup de théâtre se préparait encore dans ces principautés qui n'avaient jamais cessé d'attirer l'attention de l'Europe.

Une coalition s'était formée en Roumanie contre le gouvernement trop personnel du prince Couza, et depuis l'assassinat de Barbo Catardjie, député de l'opposition, la coalition n'avait fait que s'accroître. Un complot fut tramé et dans la nuit du 22 au 23 février 1866, à Bucharest, Couza fut déposé et signa son abdication ; un gouvernement provisoire fut aussitôt constitué et on procéda à l'élection d'un nouveau prince.

A l'unanimité le comte de Flandre, frère du roi des Belges fut élu, mais ce prince refusant la couronne, il fallut recourir à une autre élection. M. Jean Bratiano, de passage à Paris, à cette époque, sonda le cabinet français sur la candidature du prince Charles de Hohenzollern ; le gouvernement français n'y faisant aucune opposition, le prince allemand fut élu prince de Roumanie avec droit d'hérédité.

Ces continuelles violations des traités, et sans doute la crainte de voir la Roumanie échapper à son influence, amenèrent chez la Russie un changement d'attitude; dès le jour où ces provinces manifestèrent leur désir d'être émancipées, la Russie s'efforça d'enrayer le mouvement et devint dès lors l'adversaire de l'union des deux provinces, elle se contentait d'appuyer la Porte dans ses revendications. A Constantinople, on discutait même l'opportunité de mesures coercitives.

Pour vaincre ces difficultés, M. Drouyn de Lhuis proposa, le 27 février 1866, de réunir une conférence à Paris. La Russie fut la première à accepter cette idée et, le 10 mars 1866, la conférence s'ouvrait sous la présidence de M. Drouyn de Lhuis; elle fut d'accord pour faire une déclaration catégorique au gouvernement provisoire de Bucharest; on lui faisait observer que la convention du 19 août 1858 ayant été violée, l'élection du prince Charles de Hohenzollern était nulle, et que l'on devait procéder à une nouvelle élection. Pendant que la conférence de Paris élaborait ses protestations, le prince de Hohenzollern arrivait en Roumanie le 20 mai; et le 22 il faisait une entrée triomphale à Bucharest, plaçant ainsi le fait accompli devant l'Europe et sa conférence; la Russie et la Turquie protestèrent de nouveau, mais la conférence fit ce qu'elle avait de mieux à faire; elle se sépara le 4 juin, donnant un témoignage de plus de son impuissance; ce ne sera pas la dernière fois que nous constaterons le fait, la question bulgare suivra la même voie. L'Angleterre et la France s'efforcèrent d'empêcher la Turquie de prendre des mesures coercitives ; elles purent obtenir enfin (23 octobre 1866) un firman du sultan conférant l'investiture héréditaire au prince Charles. C'était la dernière étape de l'indépendance roumaine.

La conférence du 22 mai 1858 avait eu à s'occuper aussi de la question du Danube. La liberté de navigation sur ce fleuve avait été garantie par les négociations de Vienne en 1855 ; le traité de Paris avait étendu la liberté de navigation sur tout le cours du Danube et stipulait que l'application de ce nouveau régime serait dirigée par une commission riveraine. Cette commission se réunit à Vienne en octobre 1857 et élabora un règlement général. L'article 1er établissait que le fleuve, depuis l'endroit navigable jusqu'à la mer Noire, serait libre au commerce.

L'article 5 accordait la liberté de navigation aux navires de la pleine mer aux ports du Danube et *vice versa*. — Par l'article 8 le cabotage était réservé aux bateaux riverains.

La Conférence du 22 mai 1858 sanctionna ce nouveau règlement de navigation sur le Danube.

La question roumaine n'a pas été le seul point à présenter des difficultés ; chaque peuplade chrétienne soumise à la Porte, conformément au traité de Paris, devait subir certaines modifications ; en Orient, qui dit modification dit révolution, et chaque fois que l'on constatera des troubles ou du désordre en Orient, ce sera la question d'Orient tout entière qui surgira.

Le congrès de Paris avait réglé la délimitation de la frontière russo-turque, au quai d'Orsay ; mais lorsqu'on voulut appliquer ces nouvelles décisions, on se heurta à des difficultés sans nombre ; les cartes qui avaient servi aux membres du congrès étaient incomplètes.

L'article 20 stipulait que la frontière partant de la mer Noire à un kilomètre du lac Bounna Sala, gagnerait la route d'Akermann et la suivrait jusqu'au val de Trajan et de là passerait au sud de *Bolgrad*, remonterait ensuite la rivière Yalpeck pour se terminer à Katamare, sur le Pruth ; mais il existait deux localités du nom de Bolgrad. Les commissaires chargés des délimitations émirent des opinions différentes. La Russie réclamait le Bolgrad situé sur le lac Yalpeck et comme conséquence une partie du lac. A Londres et à Vienne, le Bolgrad en question ne pouvait pas être celui du lac, attendu qu'on avait pour but d'interdire à la Russie l'accès du Danube, et comme ce lac communiquait avec un bras du Danube, il était évident que ce n'était pas ce Bolgrad qu'on avait voulu désigner.

Pour résoudre la question, les commissaires cherchèrent une nouvelle combinaison, on fit passer la frontière entre le Yalpeck et Bolgrad, laissant la ville à la Russie. Ce furent alors les cabinets de Londres et de Vienne qui refusèrent de se rallier à cette proposition.

D'autres difficultés devaient encore se produire. Aux embouchures du Danube il existe une île, dite

île des Serpents. Elle avait toujours appartenu à la
Russie, et comme le traité de 1856 n'en parlait pas,
la Russie continuait à en conserver la possession ;
la Turquie réclama cette île comme lui appartenant,
et l'escadre anglaise vint croiser devant elle.

De plus, le paragraphe I de l'article 21 disait
que : « Le territoire cédé par la Russie sera annexé à la principauté de Moldavie sous la suzeraineté de la Sublime Porte. » C'était le Delta remis
à la Moldavie, ce que ne voulut plus admettre la
Porte.

On recourut encore aux bons offices de la conférence, avec cette condition que l'opinion exprimée
par la majorité des membres aurait force de loi.
Les cabinets de Londres et de Vienne hésitèrent
longtemps avant d'accepter cette clause. De nouvelles combinaisons furent élaborées ; au lieu de
Bolgrad on donnait à la Russie la ville de Komrak ;
l'île des Serpents et le Delta restaient à la Porte.

Cette proposition du gouvernement français fut
acceptée sans opposition par la conférence réunie
en janvier 1857. Tous les obstacles de ce côté
étaient définitivement levés.

Jusqu'en 1856 la Serbie a lutté pour conquérir
et pour affermir son indépendance ; on se souvient
qu'un des articles principaux du traité d'Andrinople (14 septembre 1829) engageait le sultan à envoyer à Belgrade un hatti-schérif consacrant l'é-
mancipation de la Serbie. Ce hatti-schérif (29 septembre 1829) ne parlait pas du prince Miloch ; la
Porte et la Russie avaient tout intérêt à ne pas le

mentionner, une dynastie aurait pu nuire à l'influence de la Porte ou de la Russie. Miloch, en homme habile qu'il était, parvint toutefois à obtenir du sultan un nouveau hatti-schérif lui conférant l'investiture (28 septembre 1830).

Ce document en 24 articles devint le règlement organique de la principauté serbe ; la dynastie du prince Miloch y était désormais reconnue : un article de cette constitution disait : « Après sa mort elle passera à son fils aîné, après lui à son petit-fils; elle demeurera perpétuellement dans sa famille. » Cette clause a son importance, car nous verrons plus tard la Turquie contester à la famille Obrenowitch tout droit à l'hérédité.

Les puissances envoyèrent des représentants à Belgrade ; les unes pour protéger la Serbie, d'autres dans le but de lui nuire ; le consul russe d'Orsowa ne cessait de fomenter des conspirations contre Miloch qui subissait l'influence anglaise ; une coalition formée d'anciens partisans de Miloch réclama une charte constitutionnelle et une assemblée représentative, Miloch fut contraint de céder à toutes ces revendications et créa une assemblée législative, nommée la Skouptchina.

Un nouvel hatti-schérif (24 décembre 1838) promulgué sur les instances de M. de Boutineff, instituait un conseil inamovible auprès du prince Miloch, avec la mission de le surveiller. Les membres de ce conseil étaient nommés par le prince lui-même, mais avec la condition d'être agréés par l'opinion publique, de sorte qu'il dut nommer ses propres rivaux. Tel était le plan de la Russie : détruire toute dynastie dans la principauté serbe ; aussi les conséquences ne se firent pas attendre ; la situation n'était plus tenable pour le prince ; des insurrections éclatèrent de toutes parts et Miloch dut signer son abdication le 13 juin 1839. Son fils lui succéda, mais mourut bientôt ; ce fut son deuxième fils qui prit alors le pouvoir, mais pour peu de temps, car le 19 août 1842, ce prince dut s'enfuir devant l'insurrection.

Un gouvernement provisoire fut établi, et le prince Karageorges fut appelé au principat.

Ce changement de dynastie plaisait fort à la Porte, car elle voyait la Serbie rompre d'elle-même avec une dynastie à laquelle elle avait conféré l'hérédité ; la Russie en était très heureuse également, c'était elle qui avait préparé cette révolution ; et le prince Alexandre Karageorgewitch étant son partisan, elle tenait la Serbie sous son influence directe.

Pendant la guerre de Crimée, le prince Mentchikof envoya de Constantinople l'ordre à Karageorges de congédier son ministre Garachanine considéré comme fidèle aux idées des puissances occidentales ; Garachanine fut destitué malgré les protestations de la Skouptchina ; la Russie chercha même à entraîner le prince Alexandre dans sa cause, mais elle n'y parvint pas : d'ailleurs l'Autriche avait menacé la Serbie de l'occuper militairement si elle se départissait de l'attitude loyale qu'elle avait prise jusqu'à ce jour. Le peuple serbe continua à rester neutre et ce fut son intérêt, car le congrès de Paris, pour le récompenser, lui garantit son aut..nomie, l'inviolabilité de son territoire en l'admettant désormais dans le droit public européen. L'article 28 disait : « En conséquence, la dite principauté conservera son administration indépendante et nationale ainsi que la pleine liberté de culte, de législation, de commerce et de navigation. » Toutefois, d'après l'article 29, le droit de garnison des Turcs en Serbie était maintenu. C'était là un point que le congrès eût dû faire disparaître.

Malgré ces améliorations apportées au sort de la Serbie, le gouvernement despotique du prince Alexandre Karageorgewitch ou Georges le Noir, comme l'appelaient les Turcs, se faisait sentir à son peuple; on lui reprochait de faire occuper toutes les positions par des membres de sa famille; on le blâmait de ne pas revendiquer à la Porte les engagements qu'elle avait pris vis-à-vis de la Serbie; un de ces engagements concernait le séjour des Ottomans dans la principauté. Tous ces griefs furent exposés aux élections à la Skouptchina, qui furent faites malgré l'opposition du prince Alexandre; la majorité de cette assemblée fut hostile au prince, elle protesta contre l'intervention de la Turquie dans les affaires intérieures du pays et somma le prince Karageorges d'abdiquer.

Celui-ci refusa et se réfugia dans la citadelle de Belgrade occupée par les Turcs. L'Assemblée le déposa et rappela le vieux Miloch. L'Autriche protesta et offrit son appui au prince Alexandre, mais la France rappela à l'Autriche l'article 29 du traité de Paris disant : « Aucune intervention armée ne pourra avoir lieu en Serbie sans un accord préalable entre les hautes puissances contractantes. »

Pour se conformer à ses devoirs de vassalité vis-à-vis de la Porte, la Skouptchina demanda au sultan de conférer à nouveau l'investiture et l'hérédité au prince Miloch. Le Divan accorda l'investiture et se garda bien de parler de l'hérédité. Devant ce silence, Miloch dans sa proclamation prit lui-même l'hérédité, s'appuyant sur le firman de 1830. La Porte, sachant qu'elle n'était pas fondée à contester ce droit, se contenta de reconnaître au peuple serbe le droit d'élire ses princes.

Le prince Miloch mort le 26 septembre 1860, ses deux fils lui succédèrent l'un après l'autre.

Un dernier acte de brutalité des Turcs dans la principauté serbe devait donner aux Serbes leur indépendance complète et leur attirer la sympathie générale. Le 16 juin 1862, un Serbe puisant de l'eau à une fontaine, se prit de querelle avec un sergent turc ; celui-ci le tua. Ce meurtre fut le signal d'un soulèvement général, que l'on parvint cependant à apaiser après des pourparlers engagés entre le gouverneur turc et les ministres serbes, mais la nuit suivante, par une odieuse violation du droit des gens, le pacha de la citadelle bombarda la ville de Belgrade. L'insurrection se déclara aussitôt avec une effrayante intensité, d'ailleurs l'exaspération était bien légitime ; des barricades furent élevées et toute la Serbie s'insurgea. Miloch se procura des armes et fit assiéger les citadelles de

Chabatz, Semendria et Achitza, que les Turcs occupaient.

Quant aux consuls étrangers ils rédigèrent une protestation collective. La Porte révoqua le gouverneur de la citadelle et une conférence se réunit à Constantinople.

Ces derniers événements n'avaient fait qu'augmenter les revendications des Serbes ; déjà s'appuyant sur le firman de 1830, ils demandaient depuis longtemps que les Turcs habitant la Serbie se tinssent dans les forteresses ou qu'ils fussent soumis aux lois serbes. Sans tenir compte du firman, les Turcs demeuraient où il leur plaisait et sans se soumettre aux lois du pays; c'était là une source de mécontentements. Après le bombardement ils exigèrent le départ immédiat des Turcs, population et garnison, et que la citadelle fût rasée.

La conférence dans laquelle la France et la Russie appuyaient les Serbes, et l'Autriche et l'Angleterre secondaient la Turquie, parvint à donner satisfaction en partie au peuple serbe. Les forteresses de Iokol et de Uchitza devaient être démantelées et la population turque habiterait désormais les quatre forteresses existantes : la juridiction serbe serait seule officielle et les propriétés des Musulmans seraient conférées au gouvernement serbe moyennant une indemnité. Ces concessions ne satisfaisaient pas encore complètement Michel; en 1866 ce prince demanda au sultan l'évacuation des forteresses par les troupes turques; la Porte présenta des conditions : la Serbie licencierait son armée, le tribut qu'elle payait à la Porte serait augmenté. Michel refusa de souscrire à cette convention et enfin, sur le conseil de la France et de l'Autriche, le sultan dut se résigner à remettre les forteresses aux Serbes, et le 3 mars 1867, le grand vizir annonçait au prince Michel que la Porte consentait à confier aux Serbes toutes les forteresses, sauf Klein-Zwornik [1].

La Serbie venait d'obtenir enfin ses dernières revendications. Toutes les peuplades chrétiennes de l'Orient devaient attirer tour à tour ou simultanément l'attention de l'Europe. Nous avons vu la Roumanie et la Serbie parvenir difficilement à l'exécution du traité de Paris et franchir les limites que ce traité leur imposait; nous allons voir maintenant l'insurrection éclater aux deux extrémités de l'empire ottoman, au Monténégro et en Syrie, si bien qu'à cette époque cet empire fait l'effet d'un immense brasier; ces soulèvements étouffés, l'insurrection relèvera la tête sur d'autres points.

Le congrès de Paris n'avait point parlé de la principauté de Monténégro, car il avait jugé ce petit pays complètement indépendant et en dehors de la Turquie; mais comme toutes les peuplades soumises à la Turquie avaient obtenu certaines satisfactions, le Monténégro crut le moment favorable de faire ses réclamations; de son côté, la Porte poussée par l'Angleterre voulait obliger le prince de Monténégro à reconnaître sa suzeraineté.

1. Saint-René Taillandier. *Revue des Deux Mondes*, 1869.

Le Monténégro, petit pays de montagnes et de roches, n'ayant aucune agriculture et ne pouvant avoir ni industrie, ni commerce, demandait une rectification de frontières, suivant la ligne de Moratcha, la ville de Nikchich et le fort de la Spitza. Devant ces exigences de part et d'autre, un conflit était inévitable.

La Porte profita des troubles qui s'étaient produits en Herzégovine pour diriger sur ce pays une armée qui, en réalité, avait pour mission de cerner le Monténégro. Les Monténégrins se levèrent tous en armes et remportèrent une première victoire sur les Turcs à Grahovo (mai 1858), mais ne tardèrent pas à être écrasés par les forces ottomanes commandées par Omer-Pacha.

Certaines puissances, parmi lesquelles la France, avaient envoyé quelques vaisseaux de guerre dans l'Adriatique pour faire cesser les hostilités; des pourparlers s'engagèrent; la Porte n'exigeait plus la reconnaissance par le Monténégro de sa suzeraineté, le petit port d'Antivari était accordé aux Monténégrins ainsi qu'une amnistie; mais la convention contenait une clause beaucoup plus importante : une route joignant l'Herzégovine à l'Albanie devait couper en deux le Monténégro et être sillonnée de petits postes turcs. La gravité de cette mesure n'échappa ni à la Russie ni à la France; aussi ces deux puissances protestèrent et la Turquie dut détruire les blockhaus.

Une commission mixte avait été nommée pour fixer les nouvelles frontières du Monténégro et le

26 octobre 1866 les puissances et la Porte signèrent un protocole réglant toutes ces questions ;
Novi-Selo était concédé au Monténégro et les frontières de 1859 étaient maintenues.

Ces événements étaient relativement peu impor-
tants à côté de ceux qui se passaient à la même
époque en Syrie.

Le hatti-humayoun du 18 février 1856, dont
toutes les puissances avaient approuvé les déclarations pleines de faveurs pour les chrétiens d'Orient
n'avait pas encore reçu son application.

Ce firman maintenait les privilèges octroyés aux
chrétiens ; la liberté de conscience était garantie ;
des écoles publiques devaient être créées ; les chrétiens devaient avoir une législation particulière et
ils étaient susceptibles d'acquérir des propriétés
foncières ; enfin diverses réformes devaient être
opérées dans l'administration musulmane. Cette
révolution bienfaisante se fit attendre : la Porte la
faisait miroiter aux yeux des chrétiens et des puissances pour les désarmer et pour exciter leurs
convoitises sans avoir l'intention formelle de les
satisfaire. Le prince Gortchakof signala le fait aux
cabinets européens et, dans plusieurs circulaires,
(13 avril, 20 mai 1860) il flétrit vivement la conduite du gouvernement ottoman et demanda aux
puissances d'agir de concert afin de contraindre la
Porte à exécuter les promesses contenues dans le
hatti-humayoun de 1856. Une conférence internationale fut proposée par la Russie ; naturellement
l'Angleterre s'y opposa ; mais les événements

devaient appuyer les sages réclamations du chancelier russe.

- Des soulèvements se produisirent subitement dans les régions montagneuses du Liban ; l'insurrection gagna toute la province et les massacres de Djeddah, de Deïr-el-Kamar (juin 1860) soulevèrent en Europe une indignation générale. A Damas le fanatisme musulman n'avais jamais déployé une telle barbarie dans le massacre. Devant de tels forfaits, en présence de l'inaction, impuissante ou complice de la Turquie, dont les troupes assistaient impassibles à de telles horreurs, la France se mit en avant pour venger l'honneur international et protéger les chrétiens contre de nouvelles cruautés.

Le 17 juillet, elle offrit d'envoyer un corps de troupes. Une conférence réunie à Paris (3 août 1860) décida par un protocole que le gouvernement français enverrait un corps de six mille hommes pour une durée de six mois, et une nouvelle commission internationale devait être instituée à Beyrouth, chargée de faire œuvre de répression et de réparation. Avant de poursuivre, il importe de rechercher les causes de cette insurrection du Liban.

Les diverses populations de la Syrie étant composées de Turcomans, de Kurdes, de Maronites et de Druses, et chacun de ces peuples ayant sa religion particulière, il en résultait une série de vexations et de rivalités permanentes. Le Liban était gouverné par un muchir ottoman ayant sous ses ordres deux caïmacans, l'un pour les Druses, l'autre pour les Maronites. Chacun de ces caïmacans

commandait les Mokaladjis ou seigneurs féodaux
du pays; ces chefs étant tous musulmans, leur
omnipotence accablait les chrétiens qu'ils avaient
sous leur autorité; d'autre part, des agents turcs
avaient pour mission spéciale d'exciter les Druses
contre les chrétiens et ceux-ci contre les Druses.
Et ce qu'il y avait de plus grave, les Druses firent
un approvisionnement d'armes pendant tout l'hiver,
tandis que le gouvernement ottoman ordonnait le
retrait des troupes régulières séjournant en Syrie.
Les consuls de France et de Russie protestèrent en
réclamant pour les populations chrétiennes de
nouvelles garanties; rien n'y fit. Les autorités turques étaient complices du mouvement qui s'était
préparé; le feu avait commencé par dévaster les
campagnes, et devant l'impunité le carnage succéda;
les populations des villages s'enfuirent vers les
villes, à Beyrouth ou à Damas, s'entassent dans
les églises et dans les maisons chrétiennes, et une
fois le gibier rabattu les massacres commencèrent.

Ce cannibalisme cessa pourtant au moment où
les Anglais bombardèrent Djeddah, mais ne tarda
pas à reprendre avec plus d'audace, lorsque les
musulmans s'aperçurent que les Anglais craignaient de contrarier la Porte et avaient cessé leurs
hostilités. Ce ne fut qu'à l'arrivée des six mille
hommes de troupes françaises que le mouvement
insurrectionnel s'apaisa.

Pendant que ce corps d'armée rétablissait l'ordre
et refoulait les rebelles dans leurs montagnes, la
commission européenne de Beyrouth cherchait à

réparer le mal par une nouvelle organisation administrative. Mais de longues dissensions partagèrent la commission ; les Anglais défendaient les Druses, les Turcs les musulmans, et la France les chrétiens ; de sorte que tout sentiment d'impartialité, condition nécessaire à une œuvre de réparation et de justice, faisait complètement défaut. Ce fut non sans peine que les commissaires purent s'entendre à déclarer les Turcs aussi coupables que les Druses ; ils fixèrent l'indemnité à accorder aux chrétiens à cent cinquante millions dont soixante-quatre millions de piastres à lever à Damas et les quatrevingt-six autres à la charge de la Turquie ; cette puissance protesta prétendant qu'elle seule avait qualité pour fixer l'indemnité ; le commissaire français, M. Béclard, fit observer à la commission que le gouvernement ottoman en s'attribuant le droit de fixer l'indemnité voulait tout simplement répartir cet impôt aussi bien sur les chrétiens que sur les Musulmans.

La commission se préoccupait également d'organiser un nouveau mode de gouvernement.

Lord Dufferin, le commissaire anglais, avait eu l'idée de créer en Syrie un gouvernement indépendant de la Turquie : le gouverneur de ce nouveau pachalik serait nommé sur l'avis des puissances. Ce projet fut de suite abandonné ; il déplaisait à la Porte et à la France ; l'Angleterre présentait comme gouverneur Fuad-Pacha, qui lui avait déjà donné de nombreux gages de dévouement. Ce fut la seule raison pour laquelle la France refusa le plan de lord Dufferin, qu'elle reprit pour l'appliquer au Liban avec une créature française, Abd-el-Kader. Cette proposition rencontra naturellement autant d'opposition de la part de l'Angleterre que celle-ci en avait rencontré chez la France pour le projet de lord Dufferin.

On avait pensé aussi à créer en Syrie une sorte de confédération, comme en Suisse, mais on reconnut que pour former une confédération il fallait un pays jouissant de l'unité de races, de religion, de langue; ce qui faisait totalement défaut en Syrie.

La commission décida dès lors (9 juin 1861) que le Liban serait administré par un gouverneur chrétien et non indigène, nommé pour trois ans, par le gouvernement turc et sur l'assentiment des puissances; la Syrie serait toujours maintenue en deux pachaliks, celui de Damas et de celui Beyrouth.

L'ordre rétabli, les troupes françaises dont on avait prolongé de trois mois encore le séjour en Syrie, malgré l'opposition de l'Angleterre et de la Turquie, évacuèrent la Syrie le 5 juin 1861. Quant aux coupables, le gouverneur de Damas et ses complices furent fusillés et plusieurs milliers de Druses furent déportés.

Le règlement du 9 juin 1861 allait ouvrir pour la Syrie une période nouvelle basée sur des principes d'humanité et de justice [1].

---

1. *Revue des Deux Mondes*, articles de M. Saint-Marc Girardin (août, septembre 1861) et de M. Raynaud (15 septembre 1860).

Quelques années plus tard la Grèce allait de nouveau préoccuper les puissances européennes.

Le roi Othon avait traversé ses trente ans de règne par une série d'insurrections, causées par la mauvaise administration du pays; de plus, les trois partis qui se disputaient le pouvoir, reprochaient sans cesse au gouvernement royal de ne pas satisfaire leurs exigences. L'emprunt de soixante millions n'avait fait qu'augmenter les charges du pays au lieu de les alléger, le paiement des intérêts et l'amortissement avaient même cessé durant un temps, si bien que les trois puissances garantes de l'emprunt firent examiner en 1857 les finances du jeune royaume et constatèrent que l'administration n'avait fait aucun progrès. Le roi, pour apaiser les mécontentements de son peuple, forma en 1862 un nouveau ministère avec Canaris, le chef de l'opposition; mais cet homme si populaire ne put réunir les quelques leaders de son parti, de sorte que le ministère, attendu du peuple, ne put même pas exister. Cet échec froissa les Grecs et fut suivi quelques jours après d'une révolte de la garnison de Nauplie; le mouvement gagna Syra, Tripolitza; plus tard l'insurrection s'étendit jusqu'à Athènes et le drapeau insurrectionnel fut déployé. Le roi Othon se vit contraint de quitter le royaume.

Un gouvernement provisoire fut formé et l'on s'occupa très activement de chercher un nouveau souverain. La candidature du duc de Leuchtenberg, petit-fils de Nicolas, fut immédiatement présentée; l'Angleterre lui opposa le prince Alfred, deuxième fils de la reine, en jetant comme appât aux Grecs la possession éventuelle des îles Ioniennes ; d'autre part, elle invoquait le protocole du 3 février 1830 qui déclarait qu'aucun prince ne pourrait être choisi parmi les trois puissances protectrices de la Grèce. En France, on parlait du duc d'Aumale, mais comme il n'était pas d'une famille régnante, sa candidature n'était pas valable, et d'ailleurs ce prince refusa. Les élections grecques eurent lieu, le succès fut prodigieux pour le prince Alfred qui obtint 230,000 voix contre 2400 à son rival, le duc de Leuchtenberg. Malgré ce brillant résultat, le gouvernement britannique refusa la couronne pour le prince Alfred, afin de ne pas déroger au protocole de 1830 qu'il avait déjà invoqué avant les élections.

Les puissances présentèrent le second fils du prince Christian de Glucksbourg, le prince Georges de Danemark, qui, dans l'Assemblée nationale du 30 mars 1863, fut proclamé roi des Hellènes sous le nom de Georges Ier ; mais n'ayant accepté la couronne qu'avec la condition du retour des îles Ioniennes à la Grèce, l'Angleterre comprit qu'il était de son devoir de céder ces îles et, par le traité du 14 novembre 1863, elle les abandonnait à la Grèce qui devait en démolir les forteresses.

Les premières années de ce nouveau règne devaient compter des difficultés sans nombre ; les événements qui se manifestaient sur tous les points de l'empire ottoman avaient aussi leur contre-coup en Grèce et surtout dans l'île de Crète.

« Je me hasarderai à prédire, disait lord Palmerston, le 16 février 1830, que si la Crète n'est pas réunie à la Grèce nous serons en guerre sous peu. » Cette prédiction faillit devenir une réalité vers 1866. Le parti insurrectionnel crétois réclamait de nouvelles réformes et quand il se vit moralement soutenu par la Grèce, il demanda hardiment son indépendance ou son annexion à la Grèce. La Porte apporta quelques améliorations dans son administration en Crète et s'en tint là.

En 1867 un rapprochement politique sensible s'était opéré entre la France et la Russie ; il eut pour résultat de créer une entente des puissances au sujet des affaires de Crète ; on ne demandait rien moins à la Porte que de céder l'île de Crète à la Grèce : « Cédez aux Grecs, disait le prince Gortchakof, cette île que vous ne saurez conserver... Prenez ce parti sans tergiverser, car chaque goutte de sang versé par vous creuse un abîme qu'il sera impossible de combler plus tard. » Ce conseil déplut tout naturellement à la Porte qui, soutenue par l'Angleterre, répondit (20 octobre 1867) que « pour obtenir la cession de l'île de Crète il fallait un nouveau Navarin » ; et d'ailleurs ajoutait le ministre anglais : « La Turquie a en Crète le même droit que l'Angleterre dans l'Inde, la France en Algérie, la Russie en Pologne. » Ce projet provisoirement délaissé souriait à la Russie, car il aurait pu constituer la dot de la grande duchesse qui devait épouser plus tard le roi de Grèce. L'Angleterre avait déjoué le plan, et l'Autriche, au moment où un journal russe l'*Aurore slave*, créé à Vienne même, se faisait le défenseur du panslavisme, ne pensait plus qu'à combattre l'influence moscovite.

Les Crétois ne désespérèrent pas, ils envoyèrent aux puissances un manifeste déclarant hautement leur volonté d'être annexés au royaume de Grèce; et le mouvement insurrectionnel devait appuyer cette proclamation; des femmes, des vieillards s'embarquèrent dès lors tous les jours de Crète pour le Pirée. La Porte envoya dans l'île un nouveau commissaire, Server-Effendi; celui-ci demanda aux Crétois d'élire par district un député chargé d'aller à Constantinople conclure une convention. Pour toute réponse, la Crète se proclama réunie au royaume de Grèce.

Il ne restait au gouvernement turc qu'à agir, il dépêcha Omer-Pacha pour réprimer les rebelles et appliquer la loi martiale; des massacres eurent lieu avec une atrocité aussi révoltante que ceux de Syrie : femmes, enfants, rien ne fut épargné. Les puissances s'émurent; des navires recueillirent à leurs bords les malheureux que la répression barbare des Turcs chassait de leur pays; un petit bâtiment grec, l'*Arcadie*, avait franchi vingt-quatre fois les croisières ottomanes pour porter des subsides aux insurgés; il fut pris et détruit à la vingt-quatrième fois.

Les gouvernements russe et français proposèrent de réunir une commission internationale pour trouver une solution ; la Porte, sur l'avis de l'Angleterre, refusa d'accueillir ces ouvertures. Cepen-

dant elle envoya en Crète Ali-Pacha, chargé d'établir
une nouvelle administration ; ce délégué turc convoqua les représentants après avoir sensiblement
apaisé le mouvement et leur présenta un projet
d'organisation nouvelle garantie par un firman ;
mais les dernières exactions d'Omer-Pacha ne pouvaient ramener les esprits à un accord avec la
Porte ; ce fut donc un échec pour Ali-Pacha, et pourtant le nouveau règlement organique de la Crète
pouvait mériter l'attention des insurgés. Ali-Pacha
avait conçu ce plan avec une grande habileté, car
il ménageait à la fois et les Crétois et les Turcs, en
leur donnant une liberté municipale illimitée et en
nommant les juges par l'élection : cet acte d'Ali-
Pacha fut relativement bien accueilli par l'Europe,
d'autant plus que la Crète était par rapport aux
peuples soumis aux Turcs dans des conditions
beaucoup plus privilégiées ; néanmoins la lutte
pouvant reprendre, la France appuyée par la Russie
fit savoir nettement au gouvernement ottoman qu'il
porterait la responsabilité des événements qui
viendraient à se produire encore. L'insurrection
crétoise avait accentué la gravité des conflits qui
existaient déjà entre la Porte et la Grèce en 1868.
Cette puissance soutenait moralement l'insurrection, elle n'avait d'ailleurs qu'à en profiter ; elle encourageait les soldats grecs à s'enrôler en Crète. La
Porte fit des représentations qui restèrent vaines,
elle menaça même de rompre les relations ; mais
les puissances s'efforcèrent activement d'étouffer
toute cause de conflit.

Le ministre du royaume grec, Delyannis, écrivait aux légations helléniques à l'étranger (29 oct. 1868) : « L'idée de la réunion de la Crète au royaume hellénique s'est pour ainsi dire incorporée à la raison et au sentiment du peuple grec qui regarde comme une monstruosité que des frères qui ont versé leur sang et supporté mille maux pour l'aider à reconquérir son indépendance retombent sous le joug et la domination contre lesquels ils se sont soulevés [1] ».

Une série d'ultimatums se succédèrent si bien que la rupture ne put être évitée. Hobbart-Pacha commandant l'escadre turque bloqua le port du Pirée. La Prusse sut intervenir à propos ; elle eut la chance d'obtenir la réunion d'une conférence qui se rassembla à Paris le 9 février 1869.

A cette conférence on se livra à un examen minutieux de la situation de la Turquie ; plusieurs projets furent présentés ; la France proposait la réunion de toutes les races turques en un seul empire ; la Russie, au contraire, proposait une confédération turque, s'appuyant sur son principe : « *Autonomie ou anatomie.* » La conférence adopta le plan émis par le gouvernement français, et la Porte se mit à cette grande œuvre de réorganisation de son empire ; des réformes furent apportées à l'instruction publique, un conseil d'Etat fut créé ; mais cette noble ardeur fut subitement arrêtée par la guerre franco-allemande ; les désastres de la France porté-

_____

1. Voir sur la Grèce dans la *Revue des Deux Mondes*, les articles de M. de Courcy (juillet 1862), de Laurent (juin 1877).

rent en Turquie un coup irrémédiable à l'influence française qui avait inauguré dans ce pays cette série de réformes :

« Les Prussiens sont vainqueurs, nous voilà donc débarrassés de la civilisation, » disaient les adversaires de toute réforme en Turquie, et Dieu sait s'ils sont nombreux.

Cette réaction ottomane ne fut pas la conséquence la plus importante de la guerre de 1870 ; la dénonciation du traité de Paris par la Russie présentait à l'Europe une difficulté autrement inquiétante.

Nous avons vu qu'un rapprochement s'était opéré dès 1856 entre la France et la Russie, il avait persisté durant quelques années ; mais lorsque la Russie vit la France isolée des autres puissances et Napoléon III soutenir ouvertement la cause des Polonais, à la dernière insurrection, le czar Alexandre chercha un allié plus sûr : M. de Bismarck fit prendre à la Prusse vis-à-vis de la Russie, la place qu'occupait naguère la France ; il s'engageait à réprimer l'insurrection polonaise ; et d'ailleurs il avait tout intérêt à se rapprocher de la Russie, il fallait un allié à la Prusse ; ce ne pouvait pas être la France qui avait des visées sur le Rhin, ni l'Autriche, la vaincue de Sadowa ; M. de Bismarck se porta donc hardiment vers la Russie dont les ambitions orientales ne pouvaient pas encore gêner la Prusse ; et la Russie en occupant la Prusse avec la France avait ses coudées franches en Orient.

« Je ne lis jamais la correspondance de Constantinople, » disait M. de Bismarck à Gortchakof, lui témoignant ainsi son désintéressement de la question d'Orient.

Ce fut donc à ce prix que la Russie, en 1870, resta immobile et maintint l'Europe dans la plus grande neutralité ; l'ambassadeur de France à Berlin, M. Benedetti, comprenait fort bien la politique du futur chancelier. « La Russie, écrivait-il, est une carte dans son jeu pour les éventualités à surgir sur le Rhin. »

L'article 2 du traité de Paris déclarait la mer Noire neutralisée et stipulait le nombre de bâtiments que la Russie ne pouvait dépasser dans la mer Noire. Tel était l'article auquel la Russie préférait sacrifier la France.

Par une circulaire du 21 octobre 1870, le prince Gortchakof disait aux puissances signataires du traité de 1856 : « Il serait difficile d'affirmer que le droit écrit fondé sur le respect des traités comme du droit public et réglant les rapports entre les États, ait conservé la même sanction morale qu'il a pu avoir en d'autres temps. » C'était avouer nettement que le traité de Paris n'avait plus sa raison d'être, et que la Russie était assez forte pour pouvoir le dénoncer ; le chancelier russe donnait comme raison de cette dénonciation, la violation du traité par la constitution de la principauté de Roumanie.

Ce fut une grande humiliation pour l'Angleterre ; elle y découvrait la trace évidente d'un complot entre la Prusse et la Russie, et devant les malheurs de la France, elle n'avait plus qu'à se résigner. Lord Granville disait : « Le procédé de la Russie anéantit tous les traités. » Toutefois le ministre anglais envoya lord Russel à Versailles s'entretenir avec M. de Bismarck qui, en recevant le 19 novembre la note de Gortchakof, dénonçant le traité de Paris, s'écriait : « Les imbéciles ont commencé quatre semaines trop tôt [1]. »

Le ministre prussien voulait avant tout écarter toute cause de conflit entre l'Angleterre et la Russie, il rassura donc lord Russel, lui déclarant que rien n'avait été conclu entre la Prusse et la Russie et qu'il donnerait son avis la guerre terminée. Le jour même de cette entrevue, M. de Bismarck télégraphiait à Saint-Pétersbourg et proposait une conférence.

A Paris, M. de Chaudordy conférait longuement avec lord Lyons, cherchant à le persuader que c'était le moment pour l'Angleterre d'agir ; il s'efforçait également d'intéresser la Russie à la France.

A Vienne, la circulaire Gortchakof avait porté un coup terrible et M. de Beust disait à l'ambassadeur de Russie : « Le prince Gortchakof ne saurait disconvenir qu'il y a là de quoi préoccuper ; il ne s'étonnera donc pas que nous prenions très au sérieux la surprise qu'il a ménagée au monde politique. » Et d'un autre côté, Klaszko s'écriait : « L'Europe a assisté impassible aux horreurs de Bazeille ainsi qu'au bombardement de Paris ! »

Lord Granville avait accepté l'idée d'une conférence, et il fut décidé que la conférence se tiendrait

---

1. *Mémoires de l'empereur Frédéric III.*

à Londres ; les puissances seraient invitées par la Prusse à s'y rendre, excepté la France que l'Angleterre devait se charger de convoquer.

Tel fut le plan habilement conçu et exécuté de M. de Bismarck ; il flattait l'Angleterre tout en l'humiliant et en ne servant que la Russie.

Lorsque la France reçut l'invitation du Cabinet anglais de participer à la conférence de Londres, M. Jules Favre fut choisi comme délégué. Sa haute clairvoyance le désignait tout particulièrement à cette mission de confiance ; mais tout d'abord il commit une erreur en déclarant que la France n'assisterait à la conférence qu'autant que l'Europe accorderait un armistice et se prononcerait en faveur de l'intégrité du territoire français. Les puissances refusèrent d'adhérer à ces conditions préalables.

La conférence devait se réunir à Londres le 3 janvier 1871 ; M. de Bismarck sachant que Jules Favre était cerné dans Paris, fit tout son possible pour faire échouer la mission française à Londres ; toutes les communications étaient suspendues, de sorte que, au 1er janvier, Jules Favre n'avait pas encore reçu l'invitation de se rendre le 3 janvier à Londres ; il ne savait même pas qu'il était choisi par le gouvernement de Tours pour représenter la France à la conférence de Londres. Aussitôt la date de convocation passée, M. de Bismarck laissa parvenir à Jules Favre l'invitation de l'Angleterre.

La conférence attendant vainement le délégué français, ouvrit sa première séance le 17 janvier 1871.

« C'est un vrai travail de Pénélope, » écrivait l'ambassadeur d'Autriche. M. Jules Favre fut de nouveau retenu par le bombardement de Paris et ce fut M. le duc de Broglie qui, le 13 mars 1871, venait adopter purement et simplement le traité de Londres dont l'article 1er donnait pleine satisfaction au gouvernement russe.

Ce traité de Londres permettait à la Russie d'entretenir dans la mer Noire une flotte aussi considérable qu'elle voudrait, de reconstruire ses chantiers et ses arsenaux comme avant 1856 ; d'autre part, la Porte pouvait ouvrir les détroits aux flottes des autres puissances en cas de violation du traité par la Russie [1].

Cette période de 1856 à 1871 a été une période toute d'insurrection et de surprise ; l'œuvre du congrès de Paris a été d'une exécution laborieuse, et si la France a une part glorieuse dans cette œuvre, le dénouement lui a valu une cruelle humiliation et qui sait, peut-être un désastre : ce sera un travail à reprendre sur d'autres bases. L'indice d'un nouveau remaniement de l'empire ottoman se faisait déjà sentir alors qu'on était tout occupé d'appliquer le traité de Paris ; à cette époque un mouvement national naissait en Bulgarie, se développait et devait dix ans plus tard s'affranchir de la Turquie.

1. *Histoire diplomatique de la guerre franco-allemande*, de M. Albert Sorel.

VII

INSURRECTIONS DE BOSNIE ET DE BULGARIE. — GUERRE TURCO-RUSSE DE 1877 [1].

SOMMAIRE. — Soulèvements en Bosnie et Herzégovine. — Note Andrassy. — Meurtre de salonique. — Mémorandum de Berlin. — Déposition d'Abdul-Aziz. — Déclaration de guerre de la Serbie et du Mont.négro à la Porte. — Ultimatum de Livadia. — Conférence de Constantinople. — Déclaration de guerre de la Russie à la Porte. — Conflit anglo-russe. — Traité de San-Stephano. — Congrès de Berlin. — Convention anglo-turque du 4 juin 1878.

A une séance du Reichstag en 1875, un député demandant au prince de Bismarck son opinion sur la situation de l'Europe, le chancelier lui répondit : « Je n'aperçois pas un nuage au ciel, sauf le petit point noir de l'Herzégovine. » Ce petit point noir

1. *Traité de Berlin*, par le baron d'Avril. *Années politiques* 1875-1876, etc... Daniel.

7.

devait devenir une source de conflits européens
aboutissant fatalement à la guerre.

Après toutes les réformes promises et non exécu-
tées, il n'y a pas lieu de s'étonner du mécontentement des populations chrétiennes de Turquie. Les
impôts ne diminuaient pas, au contraire, et leur per-
ception se faisait avec un arbitraire sans égal; le
colon bosniaque était la victime des autorités et des
propriétaires, soumis aux exactions de tous genres,
on a pu dire aussi de lui qu'il était « taillable et
corvéable à merci. » Les offices chrétiens ne pouvaient être célébrés en plein jour. Telle était la
triste situation que les Turcs continuaient à faire
aux sujets chrétiens de leur empire, au mépris du
traité de Paris et de toutes les promesses qu'ils
avaient pu faire devant la force.

Dès le commencement de l'année 1875 les mécontentements se manifestèrent dans l'Herzégovine; des
familles entières quittaient leur pays pour se réfu-
gier soit en Hongrie, soit dans le Monténégro; une
première émeute se produisit en juillet 1875 à Névé-
sinie au sujet de la levée vexatoire de la dîme, et ne
tarda pas à s'étendre dans toute la province avec
des proportions alarmantes; la Bosnie entière,
l'Herzégovine s'insurgèrent contre les autorités ottomanes et, le 31 juillet 1875, lancèrent une proclamation appelant les chrétiens à l'insurrection. Ce
fut en quelques jours une véritable levée en masse
des chrétiens, et la lutte commença dès ce jour à
devenir acharnée entre ceux-ci et les musulmans.
Tout fut livré à l'incendie, au pillage, au meurtre;

rien ne put maîtriser le fanatisme barbare des musulmans et la fureur des insurgés. La Porte envoya aussitôt des troupes régulières en Bosnie, et le 20 août les insurgés levèrent le siège de la forteresse ottomane de Trébinie qu'ils avaient cernée, après avoir éprouvé une première et sanglante défaite.

En Bosnie l'insurrection se propageait lentement, de sorte que la Porte eut le temps nécessaire de rassembler toutes ses troupes pour faire face aux soulèvements. Le 27 août, les insurgés se réunirent à Kosiérovo; un plan d'insurrection et de campagne fut arrêté et aussitôt les chefs, parmi lesquels nous citerons le Serbe Linbibratitch et le Monténégrin Peko Paulovitch, se mirent en action; des engagements eurent lieu entre les troupes turques et les insurgés, mais sans donner de résultats décisifs; l'hiver arrêta un moment de part et d'autre les hostilités.

Dès le début de l'insurrection, les chancelleries européennes s'alarmèrent de ses progrès, et ils jugèrent la situation assez grave pour intervenir. L'Europe d'alors c'était la triple alliance contractée entre l'Allemagne, la Russie et l'Autriche. La France se recueillait et l'Angleterre était isolée.

En avril 1875, les trois puissances alliées exhortèrent la Porte à réprimer le mouvement bosniaque, et cherchèrent de leur côté à empêcher la Serbie et le Monténégro de se mêler à la lutte; des dispositions militaires furent prises à cet égard par l'Autriche. Plus tard un arbitrage fut proposé par la triple alliance à Constantinople, avec la condition de donner des garanties sérieuses aux chrétiens des pays soulevés. La Porte refusa d'accueillir ces oùvertures; on lui renouvela de nouveau les mêmes propositions, cette fois avec l'appui de la France et de l'Italie; et le gouvernement changeant d'avis à propos, accepta les propositions des envoyés européens, pensant sans doute qu'elles ne pourraient pas aboutir.

Voici en quoi consistait ce plan d'arbitrage. Les consuls européens siégeant dans les pays insurgés, devaient se concerter avec les chefs bosniaques, recueillir leurs réclamations et les informer qu'au cas où elles ne seraient pas prises en considération, ils ne devaient pas compter sur l'appui de l'Europe.

Le plan de la triple alliance fut exécuté, les consuls engagèrent des pourparlers avec les chefs insurgés; on transmit leurs revendications à la Porte, mais on se heurta de chaque côté à la même intransigeance, de sorte que rien ne put être conclu.

Pour donner le change aux puissances, la Porte fit, comme de coutume, elle publia un iradeh accordant aux Bosniaques et aux Herzégoviniens l'exemption d'impôts pendant une certaine période ; cet iradeh parut le 2 octobre. Les puissances ne purent qu'approuver cette politique d'apaisement, mais elles ne se doutaient pas que c'était tout simplement une politique frauduleuse; car quatre jours après, le 6 octobre, la Porte déclarait qu'elle suspendait ses paiements à ses créanciers pendant cinq ans: c'était la banqueroute pure et simple.

Dès ce jour les puissances se montrèrent hostiles

à la Turquie. La triple alliance entreprit de nouvelles négociations. L'Autriche, dès le mois de novembre 1875, prit l'initiative d'une combinaison à soumettre à la Porte; la *Note Andrassy* contenait toutes les propositions et réclamations que l'on devait faire au gouvernement turc. La Porte, pour ne pas essuyer un échec diplomatique, prit les devants; elle pria les puissances d'ajourner la présentation de cette note, les assurant que les provinces soulevées ne tarderaient pas à être pacifiées et que la note Andrassy ne ferait qu'encourager les revendications des insurgés; les puissances attendirent. Le 12 décembre, le sultan fit paraître un firman faisant la remise de tous les impôts arriérés et promettant de réaliser toutes les réformes que réclamait la note Andrassy. Dès lors celle-ci semblait ne plus avoir son objet; il fallut la modifier pour la conformer au nouveau firman du 12 décembre, et ce ne fut que le 31 janvier 1876 que le comte de Zichy, ambassadeur d'Autriche à Constantinople, put remettre au ministre ottoman Rechid-Pacha, la nouvelle note Andrassy; les ambassadeurs des autres puissances, y compris l'Angleterre, qui, malgré ses défiances avait fini par se joindre aux autres, appuyèrent la note présentée au Divan par le comte de Zichy.

Cette note Andrassy revenait sur les démarches déjà tentées par les puissances; elle réclamait l'application des firmans du 2 octobre et du 12 décembre 1875, et énumérait les réformes nécessaires à la pacification de l'empire ottoman : Liberté de religion; — suppression du fermage des impôts; — emploi des impôts levés en Bosnie et en Herzégovine à améliorer le sort de ces provinces; — réunion d'une assemblée de chrétiens et de musulmans pour surveiller l'exécution de ces réformes.

D'autre part, la note s'étendait sur une série de modifications à introduire dans l'organisation administrative et judiciaire de la Porte et demandait que les promesses indéterminées du firman du 12 décembre fussent mises à exécution.

Rechid-Pacha répondit le 20 février à la note Andrassy; il était heureux des bonnes dispositions des puissances et s'engageait à réaliser de suite les réformes demandées. Un iradeh consacrant ces promesses avait déjà paru le 11 février.

La note Andrassy et les firmans successifs de la Porte trouvèrent les insurgés inébranlables dans leurs exigences; ils avouaient d'ailleurs ne rien comprendre à toutes ces négociations et réclamaient purement et simplement leur indépendance; ils lancèrent de nouveau un manifeste appelant à leur aide tous les Chrétiens de la Turquie : « Nous ne pouvons mettre bas les armes tant qu'on ne nous aura pas accordé une situation analogue à celle du Monténégro. Nous espérons que la Russie, cette grande et glorieuse nation sauvera la liberté slavo-serbe : oui, nous sommes certains de ne pas être trompés dans notre attente. »

A cet éloquent appel allaient répondre le Monténégro et la Serbie; et la Bulgarie elle-même allait recevoir son baptême.

Depuis longtemps les Bulgares manifestaient quelques velléités d'émancipation ; la Russie ne pouvant compter sur la Grèce indépendante ni sur la Serbie inféodée à l'Autriche, se mit à travailler la Bulgarie ; et ce fut naturellement une question religieuse qui fit naitre la question bulgare. — Les populations de Bulgarie voulaient avoir leur église indépendante du patriarcat de Constantinople ; elles en référèrent à la Porte qui, sur les conseils de la Russie et espérant diviser davantage les Grecs des Bulgares, autorisa l'institution d'une église bulgare.

A côté du patriarcat grec de Constantinople s'établit l'exarchat bulgare. C'était un premier pas fait dans l'idée d'indépendance qui ne tarda pas d'ailleurs à se développer. Ce ne fut qu'en 1870 que l'exarchat bulgare fut officiellement institué ; cependant quelques années avant, les évèques bulgares se déclarèrent indépendants du patriarcat de Constantinople ; mais à vrai dire, les Bulgares désiraient s'affranchir autant des Grecs que des Turcs : « Ceux-ci, disaient-ils, ont assujetti vos corps, ceux-là vos âmes. »

C'est dans ces conditions que l'insurrection de Bosnie trouva les esprits en Bulgarie ; il ne leur manquait qu'un prétexte pour se soulever : le despotisme des Turcs se chargea de le leur procurer.

Un fonctionnaire turc ayant fait enlever en Bulgarie une jeune fille chrétienne qu'il voulait faire convertir à l'islamisme, pour la diriger sur son harem à Salonique, des attroupements de chrétiens bulgares parvinrent à s'emparer de la jeune fille à son arrivée dans cette ville ; immédiatement une émeute se produisit ; les musulmans parlaient de massacrer les chrétiens ; le consul de France, M. Molins crut de son devoir de prévenir toute éventualité et d'avertir les autorités de Salonique. Le consul d'Allemagne, M. Abbot, son beaupère, se joignit à lui et ils se rendirent ainsi tous deux au palais du gouverneur ; là, un guet-apens les attendait : ils furent impitoyablement massacrés.

Cet assassinat provoqua en Europe la plus vive indignation. La France et l'Allemagne dirigèrent de suite une escadre sur Salonique, les autres puissances en firent autant ; les meurtriers furent châtiés et une indemnité fut accordée par la Porte aux familles des consuls.

Que fallait-il faire désormais ? l'insurrection gagnait en Bulgarie. Les insurgés ne voulaient rien entendre, la Porte restait aussi fallacieuse dans ses promesses et aussi barbare dans la répression. La triple alliance[1] réunit une conférence à Berlin : le comte Andrassy y représentait l'Autriche ; l'empereur Alexandre et le prince Gortchakof y venaient pour la Russie : l'entrevue eut lieu chez le prince de Bis-

---

1. La question bulgare devait rompre cette triple alliance ; le chancelier de fer, qui avait déclaré que la Bulgarie ne valait pas les os du dernier fusilier poméranien, ne pouvait pas satisfaire en Orient les intérêts opposés de l'Autriche et de la Russie, et lui-même ne pouvait pas rester sur le pied d'une stricte neutralité ; aussi disait-il à un dîner parlementaire : « Je n'hésite pas à vous dire que si la question d'Orient devait allumer la guerre entre la Russie et l'Autriche, celle-ci, quelle que fût l'issue de la guerre, pourrait compter sur l'appui de nos armes pour le maintien de son intégrité. »

marck. Il y fut convenu qu'une nouvelle note connue sous le nom de *Memorandum de Berlin* serait
adressée à la Porte, après avoir été communiquée à
la France, l'Angleterre et l'Italie, à qui on demandait une simple approbation.

Cette note rédigée le 13 mars 1876 par le prince
Gortchakof insistait auprès de la Porte pour qu'elle
exécutât les engagements pris dans le firman du
12 décembre; elle condamnait l'attitude du sultan
qui devait porter la responsabilité du meurtre de
Salonique; en conséquence la Porte devrait s'entendre avec les insurgés et conclure avec eux un
armistice de deux mois; les conditions de cet armistice seraient : la promesse par la Porte de satisfaire aux 5 articles de la note Andrassy; au cas où
la Sublime Porte ne remplirait pas exactement les
clauses du memorandum, les puissances se concerteraient sur les « mesures efficaces » à prendre vis-
à-vis d'elle.

Les « mesures efficaces » dont parlait la note
n'avaient pas été précisément arrêtées par les trois
chanceliers; Gortchakof invitait bien Andrassy à
entrer en Bosnie, mais celui-ci se souvenait du
partage de la Pologne et du district de Zips : d'ailleurs avant qu'aucune résolution ne fût prise à cet
endroit, le memorandum de Berlin, approuvé par
la France et l'Italie, fut arrêté net par l'Angleterre
qui refusa catégoriquement, le 19 mai, de suivre
l'exemple des autres puissances. Le ministre anglais Disraëli objectait que la note Andrassy était
suffisante et qu'il fallait laisser le temps à la Su-

blime Porte d'exécuter ses réformes, et que les « mesures efficaces » porteraient atteinte à la souveraineté de la Porte et au traité de 1856.

Cette attitude du cabinet britannique était due surtout au sans-gêne de la triple alliance ; il semblait que l'Europe ne vivait qu'en elle ; elle rédigeait notes et memorandums et ne demandait aux autres puissances que de les approuver sans les consulter. Ce procédé froissa tout naturellement l'Angleterre.

Tout en refusant d'appuyer le memorandum de Berlin, le cabinet anglais rassemblait en Angleterre une flotte formidable qu'il fit diriger vers la baie de Besika. Gibraltar, Malte furent pourvus d'approvisionnements considérables, et Disraëli prit une attitude de provocation vis-à-vis de la Russie.

La remise du memorandum de Berlin au Divan turc fut donc ajournée, sur l'avis du czar Alexandre ; le gouvernement ottoman en conclut qu'il pouvait compter désormais sur l'appui de l'Angleterre et devint plus intraitable. Le pillage et l'incendie continuèrent avec plus d'intensité ; une série d'événements devait encore se produire.

Lorsque les trois puissances furent décidées à remettre le memorandum au sultan Abdul-Aziz, elles ne trouvèrent plus personne. Abdul-Aziz avait été déposé par une révolution de palais, soutenue par les softas et fomentée par le conseil des ministres à la tête duquel se trouvait l'auteur principal du complot, Midhat-Pacha. Ce ministre était le chef d'un parti, *la Jeune Turquie*, qui rêvait d'appliquer en

Turquie les mœurs de l'Occident et d'établir une constitution. On s'assura la complicité du gardien de la loi de l'Islam, Karullah-Effendi, qui lui répondit qu'on avait le droit de déposer un souverain qui gérait mal les affaires de son pays. Le complot revêtait dès lors un caractère sacré. Les conjurés s'entendirent pour exécuter leur criminel dessein le 30 mai ; le palais du sultan fut cerné et Dcherrer-Aga, chef des eunuques d'Abdul-Aziz, fut chargé d'apprendre à son maitre qu'il était détrôné et que son neveu Mourad-Effendi était désigné pour lui succéder. Abdul-Aziz dut se résigner et il se laissa emmener en s'écriant : « Allah est grand ! » Il fut transporté au palais de Tcheragan, où le 4 juin on le trouva mort ; pour faire croire à un suicide on lui avait opéré une saignée sur les bras ; mais personne ne s'y méprit, il est de tradition chez les Turcs d'assassiner les sultans après les avoir déposés : ils ne sont plus à craindre.

Les ministres ainsi débarrassés d'Abdul-Aziz crurent pouvoir administrer à leur aise. Ils s'assemblèrent dans la nuit du 15 au 16 juin chez Midhat-Pacha. Le grand vizir Mohamed-Rouchdi-Pacha, le ministre de la guerre et plusieurs autres membres du cabinet assistaient à cette réunion. Soudain, vers minuit, un officier turc du nom de Hassan-Bey se glissa dans le cabinet des ministres et tirant un revolver et brandissant un poignard, fit un carnage, à lui seul, de tout le conseil des ministres et de ceux qui venaient au secours. Seul Midhat-Pacha put se tirer sain et sauf de cet incroyable coupe-gorge ;

l'assassin fut pris et pendu après avoir regretté de ne pas avoir tué Midhat-Pacha.

Ces événements n'avaient pas amélioré le sort des provinces chrétiennes, bien au contraire. En Serbie, la situation devenait tendue ; la Sublime Porte avait expédié des troupes pour surveiller les Serbes et les Monténégrins ; cette mesure de défiance ne fit qu'exaspérer davantage les Serbes ; le prince Milan avait constitué un ministère avec M. Ristitch qui représentait les aspirations belliqueuses de la nation serbe ; sur les représentations des autres puissances, il ne tarda pas à se défaire de ce ministre qui pouvait compromettre la paix et devenir dangereux pour son pays. Un ministère Kaliéwitch fut formé avec mission d'apaiser les esprits exaltés. Au même moment l'insurrection bulgare et les massacres de Salonique s'étaient produits ; il fut dès lors impossible de réagir contre les surexcitations des Serbes ; le prince Milan contraint par l'opinion publique reconstitua un ministère Ristitch dont le premier acte fut de conclure une alliance avec le Monténégro, d'organiser un matériel de campagne et de conclure un emprunt de 12 millions ; le général russe Tchernaieff fut nommé commandant en chef de l'armée serbe.

La Sublime Porte demanda tout naturellement des explications à la Serbie sur l'attitude qu'elle venait de prendre, et refusa d'accueillir les réclamations du ministère Ristitch. C'étaient la rupture et la guerre à bref délai. Les Serbes et les Monténégrins y étaient activement poussés par un intérêt solidaire et par la Russie.

Le prince Milan se rendit à la tête de son armée
après avoir adressé une proclamation à son peuple,
et le prince de Monténégro en fit autant de son côté ;
la déclaration de guerre de ces deux principautés à
la Porte eut lieu le 2 juillet 1876.

Les premières rencontres furent à l'avantage des
Turcs, et le prince Milan ne songea plus qu'à négocier, en sollicitant l'appui des grandes puissances.

Lord Derby demanda à la Sublime Porte un armistice d'un mois pour la discussion des conditions
de paix ; cet armistice serait imposé à tous les belligérants. Tous les ambassadeurs étrangers appuyèrent cette démarche, mais la Porte refusa tout
armistice avant que les insurgés n'aient consenti
aux conditions suivantes :

1º Le prince Milan viendrait à Constantinople
rendre hommage au sultan ;

2º Les quatre forteresses de Belgrade, Chabatz...
seraient remises aux Turcs ;

3º Abolition des milices, limitation de l'armée
régulière a dix mille hommes ;

4º Démolition des nouvelles fortifications ;

5º Une indemnité de guerre ;

6º Exploitation par la Turquie du chemin de fer
de Belgrade à Nischa.

Les Serbes repoussèrent ces propositions et s'ap-
prêtèrent à recommencer les hostilités. L'Angleterre
venait donc d'échouer ; ce sera la Russie qui inter-
viendra pour imposer la paix.

L'entrée en campagne des Serbes avait été singulièrement appuyée par les événements qui ve-

naient de se passer en Bulgarie; le meurtre de Salonique avait porté ses fruits, et, en mai 1876, un nouveau soulèvement ayant eu lieu, les musulmans se déchaînèrent avec toute l'atrocité de leur fanatisme contre les chrétiens bulgares et les égorgèrent par milliers; ce fut un cri d'horreur dans toute l'Europe. La question bulgare était née et venait compliquer la situation si alarmante de l'empire ottoman. Il devint impossible désormais pour les puissances de ne pas tenir compte des protestations de tous les chrétiens soumis aux Turcs. Deux délégués bulgares, Zankov et Ralabanov parcoururent l'Europe, pour plaider la cause bulgare; ils portaient un manifeste. « Chaque année, disait ce manifeste, surtout depuis une vingtaine d'années, on compte par centaines les Bulgares tombés sous les coups mortels des Turcs fanatiques sans que la justice turque se donne jamais la peine de chercher les coupables et de les punir. La vie d'un giaour bulgare ne vaut pas cette peine, les Turcs étant les maîtres du pays. »

Une décision s'imposait. La Grande-Bretagne qui s'était tenue à l'écart jusqu'alors se déclara nettement pour les Bulgares; le livre de M. Gladstone — « Les horreurs de Bulgarie » — y avait un peu contribué. Le cabinet de Saint-James tenta même une intervention séparée auprès des puissances et de la Porte; mais ce fut un nouvel échec.

La Russie, pour rivaliser de zèle avec l'Angleterre, se montra plus exigeante et, le 1ᵉʳ octobre, le czar proposait de prendre des mesures coercitives; il envoyait à Vienne son aide de camp Soumarokof faire les propositions suivantes : L'Autriche occuperait la Bosnie et l'Herzégovine, la Russie entrerait en Bulgarie. et une flotte internationale ferait une démonstration devant Constantinople.

Cette proposition heurta directement l'Angleterre et lui produisit l'effet d'un réfrigérant ; c'était en effet un coup de foudre qui venait la frapper ; elle voyait déjà le Cosaque à Constantinople et l'Inde envahie ; l'Autriche elle-même suivit l'exemple de la Grande-Bretagne et toutes deux repoussèrent le plan du czar, qui, devant le refus de porter un remède énergique à la situation lamentable de la Porte, se décida à agir ; il tenta cependant une nouvelle démarche que l'Angleterre appuya sans vouloir l'imposer, comme la Russie ; un armistice de six semaines serait imposé aux belligérants ; la Porte répondit le 12 octobre 1876 ; elle acceptait un armistice de six mois au lieu de six semaines et annonçait l'établissement d'une constitution et de deux chambres. Lord Derby accepta le délai de six mois pour l'armistice ; la France, l'Autriche et l'Italie furent de son avis ; le prince de Bismarck et Gortchakof maintinrent au contraire la durée de six semaines ; l'entente ne put donc avoir lieu ; les événements devaient d'eux-mêmes nous conduire au dénouement.

La guerre continuait entre Turcs et Serbes, les négociations tentées par l'Angleterre ayant échoué ; les Turcs étaient vainqueurs et pénétraient au sein même de la Serbie, franchissant la vallée de

la Morava et menaçant la clef de la Serbie, Alexinatz. Bientôt se produisit en Europe un incident
décisif; une depêche annonçait : « Therapia, —
31 octobre 1876. — Les troupes turques sont en-
trées à Alexinatz. Signé : Bourgoing [1]. »

C'en était fait de la Serbie si on ne la secourait pas.
La Russie arrêta net la Turquie dans sa marche
par l'ultimatum de Livadia : Si dans un délai de
deux jours la Porte n'adhérait pas à l'armistice de
deux semaines et ne cessait pas immédiatement les
hostilités, les relations seraient rompues aussitôt.

La Porte, saisie de frayeur en face du danger
moscovite et ne pouvant plus tergiverser, répondit
au général Ignatief qu'elle acceptait l'ultimatum
et fit cesser les hostilités.

L'armistice était donc imposé; il n'y avait que
ce moyen énergique pour en finir. Aussitôt que
l'ultimatum de Livadia fut accepté par la Porte,
l'Angleterre glissa immédiatement sa proposition
tendant à réunir une conférence à Constantinople.
Il était urgent de résoudre toutes ces questions,
car le czar était bien décidé à agir seul si l'Europe
se refusait à le suivre; il l'avait déclaré formellement dans un discours qu'il fit à Moscou le 10 novembre 1876, et pour donner plus de vraisem-
blance à ses paroles, il faisait annoncer aux puissances par le prince Gortchakof qu'il prenait des
mesures militaires.

La conférence proposée par l'Angleterre fut una-

1. *Livre jaune*, 1877.

nimement acceptée et tous les plénipotentiaires des puissances purent se réunir à Constantinople le 23 décembre 1876 sous la présidence de Savfet-Pacha.

Les plénipotentiaires des puissances étaient les suivants :

Pour l'Angleterre, lord Salisbury et sir Henry Elliot;

La Russie, le général Ignatief :

La France, MM. de Chaudordy et Bourgoing;

L'Autriche, le comte de Zichy, et le baron de Calice ;

L'Italie, le comte de Corti ;

L'Allemagne, le baron de Werther.

Le jour de la réunion de la conférence, fut promulguée la nouvelle constitution annoncée ; des salves d'artillerie annoncèrent cet événement.

La conférence avait pour objet de rechercher les réformes et les garanties dont elle réclamerait l'application à la Porte.

Voici en quoi se résumaient les propositions soumises à la Porte le 24 décembre :

1° Pour la Serbie, rectification de la ligne du sud par l'annexion du petit Zwornick et rétablissement pour le reste du territoire, du *statu quo ante bellum*;

2° Annexion au Monténégro de douze districts détachés du territoire de l'Albanie et de l'Herzégovine, et cession à cette principauté du port de Spitzia ;

3° La Bosnie et l'Herzégovine constitueront une province autonome sous un gouvernement chrétien nommé pour un terme de cinq ans. Les puissances garantes devront être officiellement informées de cette nomination;

4° Le pays compris entre les Balkans au sud et le Danube au nord et connu sous le nom de Bulgarie, constituerait également une province autonome, dans les mêmes conditions que la Bosnie et l'Herzégovine;

5° Les provinces autonomes auront des milices indigènes. Les musulmans indigènes prendront part aux conseils et aux assemblées provinciales. La moitié des revenus sera consacrée aux besoins locaux. L'autre moitié sera versée au Trésor ottoman. La langue officielle sera celle de la majorité des habitants, c'est-à-dire la langue slave;

6° On accordera des libertés municipales, telles que le droit d'élire les maires et les juges, une milice indigène, etc...]à la province de Philippopoli au sud des Balkans, ainsi qu'aux districts de la haute Macédoine. Les gouverneurs de ces districts seront indistinctement musulmans ou chrétiens. Andrinople reste en dehors de cette organisation;

7° Ces provinces seront occupées militairement pour un délai déterminé, de façon à s'assurer l'exécution des réformes par des troupes belges. Ces troupes seront entretenues aux frais du gouvernement ottoman [1].

Le ministre des affaires étrangères de la Porte, Savfet-Pacha proposa un autre projet que lord Salisbury, plénipotentiaire anglais, refusa d'accueil-

1. Daniel, année 1877.

lir ; la Porte présenta alors les propositions qu'elle ne pouvait pas accepter, telles que l'institution d'une commission internationale, l'autonomie administrative et les réformes financières et judiciaires. Les plénipotentiaires se décidèrent, malgré le général Ignatief, à faire des concessions et présentèrent un nouveau projet (15 janvier 1877).

Savfet-Pacha refusa d'adhérer encore à deux points relatifs à la nomination des valis et à la commission internationale. Les plénipotentiaires européens restèrent inébranlables et, devant l'impossibilité d'une entente, se séparèrent sans avoir formulé aucune conclusion.

La Porte préférait rompre que d'admettre l'ingérence européenne dans son empire, surtout lorsqu'elle était victorieuse, car elle étouffait, dans le sang il est vrai, l'insurrection bulgare ; Alexinatz était en leurs mains ; ils étaient victorieux et les maîtres et on leur proposait un traité de soumission. Si les Turcs avaient été vaincus, les conditions qu'on leur aurait présentées auraient été moins dures et, d'autre part, n'était-ce pas une prime à l'insurrection ? il suffit aux Serbes de se révolter pour acquérir, même vaincus, Zwornick. Le Monténégro réclame une extension de territoire les armes à la main ; la Bulgarie veut son indépendance, et ce sera bientôt la Grèce qui se remuera. Tel était le raisonnement des Turcs, et il était malheureusement logique.

Midhat-Pacha et Savfet-Pacha, pour donner plus de poids à leur refus, se firent appuyer par le vote d'un grand conseil extraordinaire qu'ils avaient composé de deux cents membres dont soixante chrétiens fonctionnaires dévoués au gouvernement turc. Naturellement à l'unanimité le conseil repoussa les propositions de la conférence et se sépara en s'écriant : « Plutôt la mort que le déshonneur ! »

Lorsque la conférence fut déclarée dissoute, le général Ignatief prononça un long réquisitoire contre la Sublime Porte : « La Porte, disait-il, se met également dans le cas d'assumer la responsabilité des malheurs éventuels qui peuvent être les conséquences de cette attitude. »

Si les Turcs étaient dans leur droit en refusant de se soumettre aux exigences des puissances, les chrétiens n'avaient pas moins raison d'appuyer leurs revendications par l'insurrection, car après tout, ils étaient les victimes de l'oppression des musulmans et ils ne pouvaient espérer aucune amélioration.

Toutes les négociations avaient donc échoué : circulaires, notes, entrevues de souverains, conférences, rien ne put changer la situation si ce n'est pour l'aggraver ; toutefois la Porte était parvenue à négocier directement avec la Serbie ; mais elle ne put s'entendre avec le Monténégro.

Sans perdre de temps, le prince Gortchakof adressa (1er février) une circulaire aux ambassadeurs russes à Londres, Berlin, Vienne, Paris et Rome, leur disant : « Le refus du gouvernement turc atteint l'Europe dans sa dignité et dans son repos, il nous importe de savoir ce que les cabinets avec lesquels nous nous sommes concertés jusqu'ici comptent faire pour répondre à ce refus et assurer l'exécution de leurs volontés, » et il concluait à la nécessité de prendre des mesures coercitives.

Cette circulaire fit une déplorable sensation à Londres. Au Parlement britannique, deux partis étaient en présence; M. Gladstone considérait avant tout la question d'humanité et militait en faveur d'une alliance avec la Russie pour imposer leurs volontés à la Porte. L'autre parti plus nombreux et beaucoup plus anglais entretenait un sentiment de méfiance vis-à-vis de la Russie. Le général Ignatief suivait la circulaire Gortchakof dans toutes les capitales de l'Europe, il s'arrêta à Londres où il fut convenu qu'une nouvelle conférence aurait lieu.

Un protocole de cette conférence, conclu entre les six grandes puissances (31 mars 1877) prenait acte de la paix intervenue entre la Serbie et la Turquie et imposait à la Porte de traiter avec le Monténégro sur les bases mêmes de la conférence de Constantinople; ce protocole laissait la surveillance des réformes aux ambassadeurs et consuls. L'ambassadeur russe avait ajouté un article additionnel stipulant que le sultan enverrait à Saint-Pétersbourg un ambassadeur pour régler la question du désarmement. La Sublime Porte fit répondre que n'ayant pas été invitée à prendre part à cette conférence de Londres, elle refusait d'adhérer aux sacrifices que lui imposait ce protocole et qu'elle n'enverrait pas d'ambassadeur à Saint-Pétersbourg, si la Russie n'en faisait pas autant à Constantinople.

8.

En même temps le parlement turc rejetait par 65 voix contre 18 les conditions de paix avec le Monténégro.

C'était un rude coup pour l'Angleterre, elle se voyait amenée à la guerre en dépit de tous ses efforts qui restaient stériles. Au parlement britannique, lord Hartington attaqua violemment la politique de lord Derby à qui il reprochait sa pusillanimité et de ne pas agir de concert avec les autres puissances.

On s'attendait d'un moment à l'autre à la déclaration de guerre de la Russie à la Porte; elle eut lieu le 24 avril ; et dans son manifeste le czar disait : « Ayant épuisé tous les efforts pacifiques, nous sommes obligés par l'obstination hautaine de la Porte à procéder à des actes plus décisifs. Le sentiment de l'équité et celui de notre propre dignité nous le commandent. Par son refus, la Porte nous met dans la nécessité de recourir à la force des armes, » et une circulaire du chancelier russe annonçait la fatale nouvelle aux puissances : « L'empereur, notre auguste maître, a résolu d'entreprendre ce qu'il avait convié les cinq autres puissances à poursuivre en commun avec lui; il a donné à ses armées l'ordre de franchir les frontières de la Turquie. »

La Russie s'était assuré le concours bienveillant de la Roumanie ; celle-ci espérait en être récompensée plus tard. C'était une violation du traité de 1856 par la Roumanie; la Porte la rappela au respect du traité de Paris et la somma de s'unir à elle pour

repousser les Russes. La Roumanie refusa, tout naturellement, et après le bombardement de Kalafat,
ville roumaine, par une flottille turque du Danube,
déclara la guerre à la Porte en proclamant son
indépendance (14 mai 1877).

Les autres principautés reprenaient aussi les
hostilités.

La réponse de lord Derby à la dernière circulaire Gortchakof ne laissait pas que d'être très
inquiétante : « En agissant contre la Turquie, disait-
elle, pour son propre compte et en ayant recours
aux armes sans avoir consulté ses alliés, l'empereur de Russie est sorti du concert européen qui
n'avait pas été troublé jusqu'à présent et s'est
départi en même temps de la règle qu'il s'était
engagé solennellement à suivre; le gouvernement
de la Grande-Bretagne se croit obligé de déclarer
d'une façon formelle et publique que la décision du
gouvernement russe n'est pas de nature à obtenir
son concours ni son approbation. »

Lord Derby énumérait ensuite les points qu'il
considérait comme les véritables intérêts nationaux
de l'Angleterre, à savoir : l'intégrité et l'indépendance de l'Egypte, la liberté du canal de Suez,
l'indépendance de Constantinople ; ces trois points
devaient donc rester hors de l'atteinte des Russes,
sous peine de provoquer un *casus belli*.

Gortchakof répondit au cabinet britannique qu'il
regardait le canal de Suez « comme une œuvre
internationale qui devait rester hors de toute atteinte; » que pour l'Egypte « le gouvernement

impérial ne méconnaît ni les intérêts européens engagés dans ce pays, ni ceux de l'Angleterre en particulier, il ne fera pas entrer l'Egypte dans le rayon de ses opérations militaires. » — « Pour ce qui concerne Constantinople, sans pouvoir préjuger la marche ni l'issue de la guerre, le cabinet impérial répète qu'une acquisition de cette capitale est exclue des vues de Sa Majesté l'Empereur. »

L'Angleterre pouvait donc se rassurer; la route de l'Inde ne serait pas interceptée par les Russes.

Une malheureuse insurrection a donc fini par susciter la guerre; et l'Europe, en s'efforçant de la conjurer, en a hâté la déclaration. A qui en incombe la première responsabilité ? A l'Angleterre et à l'Allemagne : la première en laissant croire aux Turcs qu'ils pouvaient compter sur l'appui de sa flotte; la seconde en poussant la Russie à la guerre pour la mieux duper plus tard, et pourtant il faut avouer que la Russie a fait preuve d'une modération excessive; autant les Turcs ont été indomptables, autant les Russes se sont montrés conciliants.

L'entrée en campagne des Russes fut une série de succès autant sur le Danube qu'en Asie : le 30 juin le Danube était franchi; Rouschtouck était bombardé, Nicopolis était enlevé et, de plus, le Monténégro semblait avoir l'avantage sur la Porte, la Serbie était prête à rentrer en campagne, et la Grèce mobilisait ses milices.

A Stamboul, la population était consternée; la guerre à outrance fut déclarée et l'étendard du Prophète fut arboré. C'était la guerre sainte.

Le cabinet de Londres pour parer à toute éventualité faisait augmenter l'effectif de ses garnisons méditerranéennes et envoyait de nouveau une escadre dans la baie de Besika.

Cette guerre de 1877 devait avoir plusieurs phases ; à la première nous assistons en quelque sorte à une marche triomphale des Russes à travers les Balkans et le Caucase ; à la seconde, ce sont les Russes qui essuient des échecs désastreux, et enfin, à la troisième, c'est un retour offensif des Russes qui anéantit complètement les armées du sultan et précipite leur marche sur Constantinople.

Cette alternative de succès et de revers des Russes était due en partie aux difficultés de mobilisation et de ravitaillement de leur armée, car ils auront toujours cette question à trancher, ainsi posée par le maréchal de Molkte : « Les Russes ont un problème bien difficile à résoudre ; s'ils ne sont pas nombreux, ils ne seront rien, et s'ils sont très nombreux ils mourront de faim. » Cette guerre de 1877 ressemble en tous points à celle de 1828.

Les Turcs n'avaient point perdu courage ; et la vaillante résistance d'Osman-Pacha à Plewna, ce Sébastopol turc, ne fit qu'augmenter l'ardeur de leur fanatisme ; en Asie, les Russes, sous le commandement du général Mélikoff, étaient forcés de lever le siège de Kars.

Des renforts venaient de Russie ; les derniers bans de l'armée moscovite avaient été mobilisés. Alors les Turcs deviendront impuissants devant cette masse et subiront une série de désastres.

L'Europe, à la nouvelle des déboires de l'armée russe, se sentait soulagée; elle avait même de l'admiration pour cette vaillante armée turque si discréditée et dont les hauts faits surprirent un peu tout le monde. Quant aux principautés, elles se sentaient moins pressées de prendre parti pour la Russie. La diplomatie ne pouvait tenter aucune négociation; les Russes mettaient leur amour-propre à continuer la guerre, et les Turcs seraient moins conciliants qu'avant la guerre.

La fin de l'année 1877 devait, après tant d'échecs, porter à l'actif des Russes deux brillantes victoires qui terminèrent la campagne. En Asie, Mélikoff avait infligé une sanglante défaite à Mouktar-Pacha (15 octobre) et rentrait dans la citadelle de Kars; en Bulgarie, Plewna succombait après une défense héroïque de quatre mois (10 décembre). La Sublime Porte saisie d'effroi en appela à l'Europe, demanda le *statu quo ante bellum* et s'engageait à réaliser les réformes promises.

L'Angleterre et l'Autriche s'empressèrent de saisir cette occasion et appuyèrent fortement l'idée d'une médiation; mais le czar ne l'entendait pas ainsi; il prétendait régler à lui seul et directement la situation. L'Allemagne déclarait également que ce n'était pas à l'Europe de parler, mais aux belligérants de s'entendre. Epuisée et sans appui, la Porte voulut (3 janvier) entrer en pourparlers avec la Russie; celle-ci trainant en longueur les négociations, gagnait chaque jour du terrain et s'approchait de Constantinople; elle fit répondre à la Porte de s'adresser au général commandant en chef l'armée russe pour négocier. Le 5 février l'armistice put être signé à Kasanlick et immédiatement les négociations furent ouvertes.

Les conditions préliminaires de paix étaient déjà par trop sévères pour ne pas alarmer les puissances européennes. L'Autriche prit les devants, elle déclara nul tout changement apporté au traité de Paris et proposa une conférence pour résoudre les questions pendantes. Le prince Gortchakof répondit fort courtoisement qu'il se soumettait à la souveraineté de l'Europe sur certaines questions, mais qu'il en existait d'autres qui ne pouvaient se traiter qu'entre la Russie et la Porte. Sur la proposition d'une conférence, le cabinet de Saint-Pétersbourg se montrait moins conciliant ; ses critiques s'étendaient sur la composition même de la conférence et sur l'ordre à suivre dans les travaux. Pour ménager les susceptibilités de la Russie, Berlin fut définitivement choisi, au lieu de Vienne, comme rendez-vous du congrès.

A Londres, on voyait avec effroi le Moscovite s'approcher de Stamboul ; le cabinet britannique, sur l'avis de lord Beaconsfield fit diriger (24 janvier) sa flotte sur Gallipoli ; mais comprenant combien cette mesure était comminatoire, un contre-ordre fut donné le lendemain à la flotte, de revenir à Besika. De leur côté, les Russes constatant les mesures prises par l'Angleterre, s'avancèrent jusqu'à quelques kilomètres de Constantinople ; l'entrée des Russes dans cette ville n'était qu'une question d'heures ; il importait au gouvernement anglais de prendre ses précautions.

Aussi, le 14 février, le cabinet de Saint-James ordonna-t-il à la flotte anglaise de franchir les Dardanelles et de surveiller Constantinople, sous prétexte « de protéger le ministère, la vie et les propriétés des sujets anglais. » Prétexte des plus maladroits ; la Russie allait lui répondre par le même argument. Gortchakof adressa une note aux puissances disant que : « Comme l'Angleterre allait à Constantinople pour y protéger les chrétiens avec sa flotte, la Russie ferait entrer son armée à Constantinople pour exercer la même protection. » Un conflit anglo-russe était donc imminent ; un biais fut trouvé ; une ligne de démarcation fut tracée au dessus de Gallipoli à la Russie, en avant de laquelle elle ne pouvait s'étendre ; de même l'Angleterre ne devait débarquer aucune troupe sur la côte. « Les Anglais, disait Ismaïl-Pacha, font ce qu'ils veulent, mais ils ne savent pas ce qu'ils font. »

Néanmoins l'indignation était vivement ressentie en Angleterre contre la Russie ; les partis de l'opposition et lord Hartington s'étaient ralliés au ministère ; seul M. Gladstone continuait à rester antiturc. Quant à l'Autriche, elle aurait bien désiré protester, mais elle doutait de l'Allemagne. La Russie avait élaboré avec la Porte un traité à San-Stephano (3 mars 1878) ; elle espérait sans doute que cet arrangement direct aurait plus de poids auprès du congrès de Berlin.

D'après ce traité, la Serbie obtenait son indépen-

dance et une extension de territoire, elle acquérait
Novi-Bazar et la ligne ferrée de Mitrovitza, le petit
Zwornick et Zakar ; le Monténégro, deux ports et
une augmentation de territoire comprenant Nikt-
chitch, Galzko, Kolakins, Antivari, une partie du
lac de Scutari. La Roumanie cédait la Bessarabie à
la Russie et prenait la Dobroutcha. L'indépendance
de la Bulgarie était également assurée ; la constitution d'un territoire bulgare par le traité de San
Stephano faisait de la Turquie un empire en trois
tronçons distincts les uns des autres ; d'une part, la
presqu'île de Gallipoli et celle du Mont-Athos comprenant Salonique, d'autre part les provinces de
Thessalie et de Macédoine, et enfin la Bosnie et l'Herzégovine. La Bulgarie serait occupée en outre pendant deux années par les troupes russes qui seraient
chargées de l'organisation administrative et militaire
de la principauté bulgare.

La Porte devait payer à la Russie une indemnité
de guerre de 1410 millions de roubles, avec cette
condition qu'elle pourrait être acquittée en territoire.

La Russie espérait que l'Europe s'inclinerait devant
ce traité ; la neutralité de la France semblait con-
damner l'Angleterre à l'isolement et déjà le gouvernement de Saint-Pétersbourg lançait un projet de
partage de la Porte ; M. de Bismarck lui-même souriait à ces projets, et pour n'y rien perdre il avait
déjà des vues sur la Hollande.

Ce fut un cri de colère qui accueillit le traité de
San Stephano. En Autriche, des crédits furent de-

mandés pour prendre des dispositions militaires. L'Angleterre exigeait que tous les articles du traité de San Stephano fussent soumis au jugement du congrès et qu'il ne soit pas laissé au bon plaisir de la Russie de faire la distinction des points qui concernaient l'Europe et de ceux qui ne la regardaient point. Elle déclarait ne participer aux travaux du congrès qu'à cette condition.

La Russie chercha à se dérober ; elle répondit que le traité tout entier serait communiqué aux plénipotentiaires du congrès ; aussitôt l'Angleterre de demander si la communication avait le sens de soumission. Gortchakof maintint sa première assertion : un nouveau conflit anglo-russe était ouvert.

Immédiatement le cabinet anglais à l'exception de lord Derby, qui donna sa démission, fit lever toutes les milices du royaume ; les troupes indiennes furent mobilisées et échelonnées dans toutes les possessions anglaises, et une circulaire de lord Salisbury, successeur de lord Derby, à tous les représentants de la Grande-Bretagne en Europe dénonçait le traité de San Stephano comme rompant l'équilibre européen, à l'avantage de la Russie. Cette puissance, d'après la circulaire, devenait dès lors une puissance méditerranéenne et la Turquie était condamnée à l'impuissance. Gortchakof demanda, le 7 avril, à lord Salisbury d'élaborer un contre-projet et réfutait toutes les critiques du ministre britannique.

La situation de la Russie n'était pas des plus brillantes ; l'Angleterre était prête à lui faire face ;

c'était, suivant l'expression spirituelle de M. de Bismarck, une lutte entre « la Baleine et l'Eléphant » qui menaçait l'Europe.

De plus, la Roumanie avait de graves sujets de mécontentement contre la Russie qui, en échange de la Bessarabie, lui remettait une région de peu de valeur, la Dobroutcha; elle était pourtant en droit d'attendre une récompense plus digne des services qu'elle avait rendus à la Russie; pour la calmer, la Russie menaçait d'occuper Bucharest, de sorte qu'elle se voyait réduite à en appeler à l'Europe pour garantir son indépendance.

Le gouvernement russe était peu disposé à entreprendre une nouvelle campagne; Gortchakof ouvrit une impasse, il répondit à Salisbury que celui-ci disait bien ce que le gouvernement anglais ne voulait pas, mais sans dire ce qu'il voulait. Le comte Schouvalof fut envoyé en mission spéciale à Londres et la paix parvint à se consolider; une détente s'opéra et, le 3 juin, l'Allemagne envoyait ses lettres d'invitation.

M. de Bismarck appréciait ainsi la ligne de conduite de l'Allemagne au congrès qui allait se réunir à Berlin, il disait au Reichstag : « Suivant moi, la médiation ne consiste pas à faire l'arbitre, elle consiste à remplir l'office d'un *honnête courtier*. » Le mot lui est resté.

L'Angleterre était représentée au Congrès par lord Beaconsfield (M. Disraeli), par lord Salisbury et lord Odo Russel; l'Allemagne, par MM. de Bismarck, de Bulow et de Hohenlohe; l'Autriche-Hongrie, par MM. Andrassy, Karolyi, de Haymerlé; la France, par MM. Waddington, de Saint-Vallier, Desprez; la Russie par le prince de Gortschakof, le comte Schouvalof et le baron d'Oubril; l'Italie, par le comte Corti et le comte de Launay; la Turquie, par Caratheodory-Pacha, Sadoullah-Bey, et Méhémet-Ali-Pacha.

Le congrès tint sa première séance le 13 juin 1878, sous la présidence du prince de Bismarck.

On aurait pu croire que les sentiments d'hostilité qui s'étaient manifestés avant le congrès entre l'Angleterre et la Russie auraient eu plus de consistance; les deux gouvernements avaient échangé des négociations secrètes et deux mémorandums en étaient le résultat.

Les mémorandums signés par le comte Schouvalof et le marquis de Salisbury revenaient en peu de mots à ceci : l'Angleterre se désintéressait de la question du Danube, au moins en ce qui concernait les territoires que traversait ce fleuve; elle consentait à ce que la Russie revendiquât la Bessarabie et conservât la plus grande partie de ses conquêtes en Arménie, en particulier Kars et Batoum. L'Angleterre, en définitive, n'avait obtenu de concessions sérieuses que sur deux chapitres : l'indemnité de guerre qui n'enlèverait pas au gouvernement anglais ses droits de créancier, et qui ne pourrait être convertie par la Russie en annexions territoriales; et la Bulgarie, dont l'organisation avait été évidemment la principale préoccupation de lord Salisbury [1].

1. Daniel, *Année* 1878.

De son côté, l'Autriche avait agi de même; elle s'était assuré des garanties matérielles.

Le congrès de Berlin avait une première idée : « Borner le désir russe qui de sa nature n'a point de bornes, » et permettre à la Porte de pouvoir subsister encore. Le trait essentiel du traité de Berlin, c'est la création de la Bulgarie. Mais cette province fut réduite aux limites connues par le mémorandum anglo-russe et non suivant celles du traité de San Stephano : elle fut divisée en deux parties; celle du nord devenait indépendante complètement avec un prince élu, confirmé par la Porte avec l'assentiment des puissances; la partie sud, la Roumélie restait toujours sous la suzeraineté du Sultan, mais avec des privilèges particuliers; le gouverneur serait chrétien; la province aurait une charte, une milice et une gendarmerie indigènes; les troupes turques n'auraient que le droit de la traverser. La discussion s'anima sur la question de défense des Balkans par les troupes ottomanes. La Russie s'opposait à laisser la Porte occuper militairement cette frontière du nord; on convint cependant que la Porte pourrait fortifier la ligne des Balkans, mais qu'elle ne tiendrait pas garnison en Roumélie. La Bulgarie devait en outre supporter durant neuf mois l'occupation des troupes moscovites et payer un tribut annuel à la Porte; une commission internationale étudierait le nouveau mode de gouvernement de cette principauté.

La Russie conservait la Bessarabie, avec cette condition que toutes les forteresses du Danube seraient rasées et que les îles du Delta appartiendraient à la Roumanie.

En Asie, le czar restait maître de Ardahan, de Kars et Batoum, dont il ne devait pas faire d'établissements militaires; Bayazid était restitué à la Porte. Ces concessions à la Russie en Asie sont importantes, car elles menacent autant la Porte que l'Angleterre : avec Kars la Russie tient la clef de l'Arménie turque; le port de Batoum était préjudiciable aux intérêts commerciaux de l'Angleterre, et pour éviter que la Russie ne compromît la liberté du commerce européen par l'installation de douanes, il fut décidé que Batoum serait un port franc.

Pour les principautés chrétiennes, la Roumanie, la Serbie et le Monténégro, le traité rompait définitivement les liens qui pouvaient encore les rattacher à l'empire ottoman.

La Serbie reçoit une légère extension de territoire, le Monténégro acquiert le port d'Antivari; quant à la Roumanie, elle devenait indépendante [1], mais elle eut à se plaindre des singuliers procédés de la Russie à son égard ; celle-ci s'emparait en effet de la Bessarabie appartenant à la Roumanie, et lui donnait en échange un pays de marais, la Dobroutcha. Outre que le gouvernement impérial de Russie était lié à la Roumanie par la reconnaissance, il s'était engagé par une convention (16 avril 1877) à protéger la Roumanie contre ses ennemis.

1. Ce ne fut que le 26 mars 1881 que la principauté roumaine fut officiellement érigée en royaume de Roumanie.

Les ministres roumains portèrent leurs protestations devant le congrès, mais les membres plénipotentaires, un peu irrités de l'attitude de la Roumanie
pendant la guerre, n'admirent pas d'abord leurs réclamations. Les plénipotentaires français, sans nuire
à aucun intéressé, proposèrent d'accorder à la Roumanie une bande de territoire partant de Silistrie
et aboutissant au port de Mangalia sur la mer Noire;
le congrès admit cette combinaison.

Si la Russie avait obtenu une partie de ce qu'elle
voulait, l'Autriche de son côté avait acquis tout ce
qu'elle désirait: l'Herzégovine et la Bosnie lui étaient
confiées à titre temporaire mais indéterminé. C'était
en réalité une pure acquisition de l'Autriche, elle
avait désormais une fenêtre ouverte sur l'Orient.
La Grèce, à son tour, s'était fait représenter au congrès par M. Delyannis et réclamait le prix de sa non
intervention; M. Delyannis demanda simplement
que l'on annexât à la Grèce, l'Albanie, l'Epire, la Thessalie et la Crète. Ces réclamations exagérées indis-
posèrent le congrès contre le gouvernement hellénique; cependant, sur l'initiative des plénipotentiaires
français, toujours là pour calmer les indispositions
du congrès, il fut décidé qu'une entente directe entre la Turquie et la Grèce, au sujet d'une rectification
de frontières, aurait lieu. Cette nouvelle frontière
indiquée partait de l'Adriatique à la hauteur de Kalamas et se terminait sur l'archipel à la Salambria.

Pour l'indemnité de guerre, il fut convenu que la
Russie devenait créancière de la Porte après les
créanciers antérieurs.

Les droits de la France sur les Lieux Saints furent de nouveau reconnus.

Après avoir réparti ainsi des lambeaux de territoire, le congrès s'occupa des améliorations à apporter au sort des populations chrétiennes soumises à la Porte.

Par l'article 23 du traité, la Porte s'engageait à appliquer en Crète le règlement organique de 1868.

L'article 62 promettait à tous les chrétiens la liberté de concession, l'égalité devant la loi et l'impôt.

L'Arménie acquérait un règlement modelé sur celui de la Crète : un gouverneur arménien, choisi par la Porte avec l'assentiment des puissances pour une durée de cinq ans, une milice indigène, une meilleure répartition de l'impôt et une réforme complète de la justice.

En définitive, une seule puissance, l'Autriche, pouvait s'estimer satisfaite [1] : quant à l'Angleterre, on était un peu surpris de son attitude conciliante; tout fut expliqué le 8 juillet; on apprit que la Grande-Bretagne n'avait pas attendu la réunion du congrès pour satisfaire ses ambitions; elle était parvenue, le 4 juin, à conclure avec la Porte une alliance défensive contre la Russie; et le prix de cette alliance était la cession de l'île de Chypre à l'Angleterre (convention du 4 juin 1878). Ce fut un nouvel échec pour la Russie; elle se voyait frustrée par l'Allema-

1. Il est vrai que l'Allemagne prêtait ses bons offices à l'Autriche à condition que celle-ci la déliât d'un engagement, par l'abrogation de l'article 5 du traité de Prague.

gne et l'Autriche et d'un autre côté par l'Angleterre qui allait étendre moralement son protectorat sur la Turquie d'Asie, et surveiller les vues de la Russie sur le golfe d'Alexandrette.

Cette convention anglo-turque ne fut pas sans être attaquée au parlement anglais ; M. Gladstone se fit l'adversaire acharné de lord Beaconsfield et de sa convention du 4 juin.

« La Turquie d'Asie, disait M. Gladstone, devient un avant-poste de l'empire britannique ; nous assumons l'énorme responsabilité de défendre, au moment où il plaira à la Russie de nous attaquer, cette frontière éloignée de nous de deux ou trois milles, mais limitrophe à toute la masse du territoire russe ! »

Du jour où le traité de Berlin fut signé (13 juillet 1878), la Russie l'a considéré comme un véritable guet-apens ; elle était dupe de l'Allemagne ; l'empire germanique s'était désormais ouvert la route de Salonique. En présence de ces faits, la Russie inaugurera une nouvelle ligne politique n'ayant pour objet que de contrecarrer l'influence de « l'honnête courtier, » dans la péninsule balkanique [1].

Le résultat du traité de Berlin pour la Russie est

1. Le prince de Bismarck croyait pourtant avoir rempli consciencieusement son mandat au congrès de Berlin, il disait le 6 janvier 1888 au Reichstag : « Je me suis comporté de telle façon au congrès de Berlin que, lorsqu'il fut terminé, je me disais : « — Je possède depuis longtemps l'ordre russe le plus élevé, en brillants, autrement, je devrais le recevoir aujourd'hui. En un mot j'ai eu le sentiment d'avoir rendu à une puissance étrangère un service, comme il a rarement été donné à un ministre étranger de le rendre. »

caractérisé par une parole de lord Beaconsfield dans un discours au banquet du lord maire : « La sagesse du congrès de Berlin, disait-il, a fait que le conquérant restitue aujourd'hui la plus grande et la plus riche partie de ses conquêtes. »

VIII

APPLICATION DU TRAITÉ DE BERLIN. — LA QUESTION BULGARE [1].

Sommaire. — Conflit gréco-turc. — Conférences de Berlin et de Constantinople. — Insurrection bosniaque contre l'occupation autrichienne. — Incident de Dulcigno. — Question bulgare. — Union de la Roumélie à la Bulgarie. — Guerre serbo-bulgare. — Nouveau conflit grec. — Déposition du prince Alexandre de Battenberg. — Avénement du prince Ferdinand de Saxe-Cobourg. — Attitude de l'Europe.

Le traité de Berlin devait présenter à peu près les mêmes difficultés dans son application que le traité de Paris. D'ailleurs il était loin de satisfaire tout le monde. L'Italie se plaignait de ne pas avoir son morceau ; elle était jalouse des acquisitions de l'Autriche et réclamait par contre l'objet de ses convoitises, Trieste et le Tyrol ; elle songeait également à Tunis, mais elle fut singulièrement désap-

1. Le traité de Berlin se trouve à la fin du volume.

pointée en apprenant que la Tunisie avait été offerte virtuellement à la France ; sa haine se tourna
dès lors contre celle-ci et la poussa dans les bras
de l'Allemagne. En Angleterre la convention anglo-
turque était vivement attaquée par lord Hartington et M. Gladstone ; ce dernier ne craignait pas de
dire : « Il aurait mieux valu pour la cause de la
justice et de la liberté qu'il n'y eût pas de nation anglaise au monde. »

La Russie, nous l'avons déjà dit, s'était considérée
comme indignement dupée par l'Allemagne et l'Angleterre ; elle se recueillait pour le moment, re-
constituait ses forces, mais elle exprimait déjà son
opinion sur l'œuvre du congrès de Berlin.

« La Russie n'a pu achever sa tâche. Comme toujours, elle a été encore arrêtée cette fois-ci dans le
sanglant mais glorieux sillon qui doit l'amener à
l'accomplissement de sa mission nationale : la délivrance de l'Orient chrétien. Maintenant, l'empire
ottoman a fait un nouveau bail avec l'Europe chrétienne et civilisée. S'il entre franchement dans la
route qui lui est ouverte, en exécutant scrupuleusement les clauses qui garantissent l'autonomie de
ses populations chrétiennes, une existence prospère
peut lui être assurée. La Russie, qui compte sur son
vaste territoire des millions de sujets musulmans
et qui protège leur religion et leur sécurité, loin de
le menacer, peut devenir sa meilleure alliée. En cas
contraire, il aura signé sa propre condamnation [1]. »

1. Communication du gouvernement russe, publiée dans le
Messager du Gouvernement le 7 août 1878.

En Roumanie, une seule difficulté intérieure s'était présentée. Le Congrès de Berlin avait consacré l'assimilation des Israélites aux autres citoyens. Cette clause devait avoir pour effet d'abandonner le pays entièrement aux mains des Israélites qui sont en grand nombre en Roumanie et naturellement fort riches ; le gouvernement roumain eut recours à l'article 7 de la constitution du pays déclarant que seuls les étrangers du rhythme chrétien pouvaient obtenir la naturalisation roumaine. La naturalisation fut donc accordée aux Israélites à titre de faveur et après des formalités rigoureuses. Les concessions faites à la Russie, en Asie et en Europe ne présentèrent aucun obstacle au point de vue de l'exécution du traité, si ce n'est dans la rétrocession de la Dobroutcha à la Russie par la Roumanie, ce dont nous avons parlé au précédent chapitre.

La Grèce fut la première à réclamer la rectification de frontière promise par le traité de Berlin. La Grèce et la Porte devaient suivant le traité, s'entendre directement pour régler cette question ; en conséquence, le gouvernement hellénique demanda à la Porte de se conformer aux termes du traité et de nommer des commissaires chargés de cette délimitation. La Porte déclara dans une note aux puissances qu'elle n'avait jamais reconnu cette clause du traité de Berlin et que d'ailleurs les habitants de la Thessalie et de l'Epire n'étaient pas pressés de devenirs sujets grecs. Les puissances étaient appelées à juger ce premier conflit : elles ne pouvaient pas s'en désintéresser ; déjà la Grèce prenait des mesures provocatrices vis-à-vis de la Sublime Porte. Cette puissance, devant le mécontentement de l'Europe, résolut de satisfaire quelques réclamations de la Grèce ; elle voulait bien lui accorder une partie du golfe de Volo, mais en se réservant Janina, Volo et Larissa ; le gouvernement hellénique se refusa à accepter cette rectification et demanda purement et simplement que le protocole du congrès de Berlin fût pris pour base.

Sur l'initiative de M. Gladstone, une conférence européenne, à laquelle la Porte et la Grèce n'étaient pas représentées, se réunit à Berlin (16 juin 1880) sous la présidence du prince de Hohenlohe dans le but de résoudre cette question pendante entre la Porte et la Grèce. La France, avec le concours de l'Angleterre et de l'Italie, proposa une délimitation qui partait de l'Adriatique, suivant le cours du Kalamas, les montagnes du Pinde et d'Olympe et laissait à la Grèce Janina et Metzovo. Cette combinaison française fut acceptée par la Conférence qui, éprise par hasard de philhellénisme, donna à la Grèce plus que le congrès de Berlin ne lui avait assuré ; aussi, la Porte considérant cette décision comme un acte de spoliation, refusa formellement de céder Janina aux Grecs. C'était un échec considérable pour l'Europe dont la conférence s'était instituée l'arbitre de la question. Une démonstration navale fut décidée par les puissances, et la Grèce préparait de nouveaux armements contre lesquels la Porte protesta.

M. Barthélemy Saint-Hilaire, ministre des affaires

étrangères de France, proposa de régler cet incident par un arbitrage ; cette proposition fut acceptée des puissances, mais se heurta devant le refus de la Porte et de la Grèce, qui l'une et l'autre craignaient d'y perdre. Le gouvernement ottoman proposa une nouvelle conférence à Constantinople, qui annulerait le tracé du congrès et celui de la conférence de Berlin et à laquelle la Grèce ne serait pas représentée.

Cette conférence, à laquelle se rallièrent toutes les puissances, se réunit à Constantinople le 28 mars 1881 et se mit de suite à l'œuvre. Le 7 avril la conférence remettait au gouvernement hellénique le nouveau tracé donnant la Thessalie aux Grecs ; le ministère Conmoundouros, dans le but d'éviter une conflagration et prenant le sage parti de se résigner sans désespérer, accepta officiellement le 12 août, ces nouvelles délimitations, qui furent définitivement mises à exécution le 3 mai 1881. Le conflit gréco-turc était momentanément apaisé.

Les mêmes difficultés dans l'exécution du traité de Berlin venaient de se présenter également au Monténégro. La population du nouveau pays annexé au Monténégro par décision du congrès étant en grande partie musulmane se révolta contre l'occupation des Monténégrins ; elle se forma aussitôt en une *Ligue albanaise* et s'opposa même à toute tentative d'intervention des troupes ottomanes. Le gouvernement turc délégua Méhémet-Ali chez ces nouveaux insurgés afin de les engager à se soumettre aux stipulations du traité ; rien ne put les convaincre et pour caractériser leur insurrection, ils massacrèrent impitoyablament le délégué ottoman Méhémet-Ali. Padgoutza resta aux mains des Albanais jusqu'au mois de février 1879, époque à laquelle les Turcs furent obligés de sévir contre les Albanais pour remettre cette place aux Monténégrins. Le conflit n'était pas terminé. Les Albanais du district de Gousinje se refusaient également à devenir tributaires du Monténégro. Pour résoudre la question, les puissances pensèrent à échanger le territoire d'annexion ; le comte Corti proposa de céder une partie du pays limitrophe occupé par des catholiques ; cette combinaison fut acceptée par la Porte elle-même ; les troupes ottomanes évacuèrent le pays, mais quand les Monténégrins vinrent prendre la succession des Turcs, ils y trouvèrent les Albanais qui, sans perdre de temps, s'étaient déjà emparés du territoire et opposaient leur résistance aux Monténégrins (18 avril). La Porte était complice des Albanais.

Il fallait pourtant arriver à une solution quelconque ; on crut de nouveau trouver un biais. Les puissances, dans une note collective (mai 1880), proposèrent à la Porte de céder le port de Dulcigno pour remplacer le pays que les Albanais défendaient avec tant d'opiniâtreté. A peine le nom de Dulcigno fut-il mis en avant que la ligue albanaise, secrètement encouragée par la Porte, s'empara des hauteurs de Dulcigno et de la ville elle-même, et ouvrit les hostilités avec les Monténégrins. L'Europe reconnaissant enfin les machinations de la Porte et pensant qu'elle avait été assez jouée, adressa au sultan une note (3 août) lui donnant un délai de trois semaines pour remettre Dulcigno au Monténégro. Le gouvernement turc envoya un corps de troupes à Dulcigno et répondit à la note des puissances, le 19 août, qu'il avait l'intention de conserver Dinoch et Grouda.

Cette nouvelle disposition de la Porte irrita vivement les puissances. Quelques-unes, l'Angleterre et la Russie, voulaient agir; les autres, l'Allemagne et l'Autriche, se refusaient à toute mesure coercitive. La dissension était complète dans le prétendu concert européen; c'était ce qu'avait voulu la Porte, espérant en profiter.

A Dulcigno, la mission du petit corps ottoman avait complètement échoué, la ligue albanaise refusait toujours de se soumettre. Qu'allait faire la Porte? Elle ne voulait pas employer la force pour enlever cette place.

La démonstration d'une flotte internationale devant Dulcigno avait été décidée dans le but d'intimider et les insurgés et la Porte qui, pour prouver sa ténacité dans ses résolutions, avait remplacé ses ministres jugés trop conciliants par Saïd-Pacha et Assim-Pacha, hommes d'Etat plus belliqueux.

Cette flotte alliée, commandée par le doyen d'âge des amiraux, l'amiral anglais Seymour, réunie dans le port de Raguse, apparut devant Dulcigno le 15 septembre. Elle avait un rôle purement négatif, ayant l'ordre de n'opérer aucun débarquement et de ne pas recourir à un bombardement. Le 17 septembre, l'amiral commandant somma les insurgés de remettre Dulcigno aux Monténégrins. La Porte protesta contre cette démonstration navale et ordonna au général Riza-Pacha de refouler tout corps de troupes débarquant de la flotte : toutefois, le 23 septembre elle consentait à céder Dulcigno à certaines conditions : renonciation des puissances à toute démonstration navale, *statu quo* des frontières, Dinoch et Grouda resteraient à la Porte, engagement pour l'avenir du Monténégro à ne plus rien réclamer.

En même temps les habitants de Dulcigno appuyaient ces hautaines prétentions de la Turquie par une déclaration au corps consulaire de Dulcigno ; ils voulaient, disait en substance cette déclaration, rester attachés à la Porte et refusaient de se soumettre au Monténégro.

La Porte jetait son gant à la face de l'Europe, espérant que dans le désaccord européen, il ne se trouverait personne pour le relever. L'Angleterre fut la plus ardente et M. Gladstone, récemment appelé au ministère, ne parlait rien moins que de déposer le sultan.

Le conflit devenait grave, et la Porte le comprit à temps. Poussée dans ses derniers retranchements, elle finit par céder, le 12 octobre 1880 ; faisant un retour sur elle-même, elle s'engageait, le 22 octobre, à remettre Dulcigno « *d'une manière pacifique* » avant le 29 octobre. Le délai de rigueur fut dépassé sans que les engagements de la Porte aient été exécutés ; on crut à de nouvelles intrigues ; il était certain qu'elle cherchait à temporiser ; cependant elle avait envoyé Dervich-Pacha reprendre Dulcigno et remettre cette ville au Monténégro ; le général ottoman fut contraint de livrer un combat aux Albanais, et, le 26 novembre, le pavillon monténégrin flottait enfin sur la citadelle de Dulcigno.

De son côté, l'armée autrichienne qui venait occuper la Bosnie et l'Herzégovine s'était heurtée à la population soulevée contre l'occupation de leur pays par l'Autriche. A Mortas, à Seraïevo, s'étaient concentrées les forces des insurgés. Un premier massacre des troupes autrichiennes eut lieu à Banialuka ; et ce qu'il y avait de curieux, c'est que l'Autriche avait contre elle et les chrétiens et les musulmans du pays, unis dans la cause de leur indépendance. Les troupes d'occupation, renforcées, finirent par l'emporter : le 10 août Seraïevo tombait aux mains des Autrichiens, et ce fut dès lors une série d'escarmouches ; les insurgés luttèrent jusqu'à ce que la dernière partie de leur pays fût occupée. Vers le mois d'octobre, l'insurrection était complètement étouffée.

L'œuvre de réparation et d'organisation était tout au moins aussi ardue que la prise de possession. Que faire, en effet, dans un pays ruiné par la guerre, par l'insurrection, et sans aucune ressource ? L'empire d'Autriche avait rencontré chez lui-même une opposition assez consistante à cette annexion : la Hongrie voyait avec déplaisir l'élément slave pénétrer dans l'organisme austro-hongrois et s'opposait à l'annexion même temporaire de ces deux provinces ottomanes. A la suite d'une demande de

crédits de 55 millions de florins, précédés déjà de
60 millions antérieurs, le ministère hongrois, présidé
par M. Tisza, offrit sa démission, n'approuvant pas
la politique du comte Andrassy; un conflit pouvait naître entre la Hongrie et l'Autriche. Grâce
à la sagesse de l'empereur François-Joseph, une
transaction conciliant les deux politiques fut trouvée;
on réduisit l'effectif des troupes d'occupation et la
demande de crédits. Toutes les difficultés furent
aplanies et, le 8 septembre 1879, l'Autriche signait
avec la Porte une convention aux termes de laquelle
cette puissance cédait à l'Autriche Novi-Bazar; c'é-
tait un avant-poste de l'empire germanique sur
l'Orient dirigé contre la Russie, c'était la clef de
Salonique. Cette cession de Novi-Bazar concordait
avec le traité d'alliance austro-allemand conclu à
cette époque.

Comme après 1856, les réformes promises par la
Porte et sanctionnées par le traité de Berlin restaient lettre-morte et, pourtant, l'insurrection cou-
vait dans toutes les provinces de l'empire ottoman;
il est vrai de dire que les Turcs accusaient la Russie de fomenter ces soulèvements partiels. Devant
la négligence de la Porte dans la Roumélie, la Russie s'arrogea le droit d'opérer les réformes elle-
même : le gouverneur russe de la Bulgarie, le
prince Doudoukof-Korsakof agissait en Roumélie
comme en Bulgarie, et déclarait hautement que les
Rouméliotes ne faisaient plus partie de l'empire
turc.

L'Angleterre était vivement inquiétée des agis-

sements de la Russie dans les provinces bulgares,
d'autant plus qu'à cette époque un conflit asiatique
était sur le point de se produire entre la Grande-
Bretagne et la Russie. Le czar, avec sa clairvoyance
habituelle, conjura tout malentendu et demanda
aux puissances d'exécuter purement et simplement
le traité de Berlin; il rappela le gouverneur de la
Bulgarie, le prince Doudoukof qu'il blâma officiellement et félicita secrètement de son zèle pour les
véritables intérêts moscovites.

Conformément au traité de Berlin, une commission européenne s'était réunie à Philippopoli. Sans
avoir formulé aucune décision, elle se sépara et
attendit pour se réunir l'évacuation de la Bulgarie
par les troupes russes.

Le retrait des troupes russes de Bulgarie et surtout de la Roumélie qui devait redevenir province
ottomane, n'était pas considéré sans inquiétude,
même en Angleterre où l'on attendait cette évacuation avec impatience et anxiété. Le prince Gortchakof, tenant compte de ces sentiments, proposa aux
puissances d'envoyer chacune un contingent militaire en Bulgarie dans le but de parer à toute éventualité lors de l'évacuation des Russes. La prompte
succession des troupes ottomanes aux Russes pourrait faire naître quelques graves conflits. La France,
l'Autriche et l'Italie refusèrent de prendre part, tout
d'abord, à cette occupation mixte. La Turquie ne la
considérait que comme une nouvelle violation du
traité de 1878; elle proposait de faire gouverner la
Roumélie orientale par un gouverneur provisoire.

La Porte nomma à cette fonction le Bulgare Aleko-Pacha, espérant que sa qualité de Bulgare le ferait élire par la Bulgarie, et que cette réunion des deux provinces sous l'autorité d'un gouverneur ottoman profiterait à l'influence de la Turquie sur la Bulgarie; contrairement à ces espérances, la Bulgarie, déjouant ce plan, avait élu, dans l'assemblée de Tirnova, pour gouverneur de la jeune principauté, le prince Alexandre de Battenberg, neveu du czar, âgé alors de vingt ans; avant d'accepter, ce prince alla prendre conseil près du chancelier d'Allemagne, lui demandant s'il devait accepter le pouvoir qui lui était offert. Le prince de Bismarck lui conseilla d'accepter, lui disant que ce serait un joli souvenir pour sa vieillesse.

L'œuvre entreprise par les puissances et surtout par la Russie allait donc se continuer en Bulgarie; la tâche ne laissait pas que d'être pénible, car bien des surprises étaient encore ménagées à l'Europe. Durant les premières années le gouvernement du prince Alexandre fut un gouvernement de réparation, mais il avait à compter avec des difficultés sans nombre; le même phénomène qui s'était passé en Grèce, en Roumanie, se renouvelait en Bulgarie; après avoir profité de l'appui bienveillant de la Russie pour recouvrer leur indépendance, le premier soin des Bulgares fut de rompre subitement avec l'influence russe qu'ils redoutaient autant que les Turcs. Le prince Alexandre désirait autant que possible maintenir de bonnes relations avec la Russie; sa parenté avec le czar, la reconnaissance l'y obligeaient; mais il était forcé de tenir compte également des aspirations anti-russes de son peuple. Le czar lui avait donné des ministres russophiles, qu'il lui fut impossible de conserver, au risque d'encourir l'impopularité; il composa un ministère avec MM. Karavelof et Zankof, très hostiles à la Russie. Le prince Alexandre disait déjà en 1883 : « Je suis arrivé en Bulgarie un homme jeune, bien portant; trois ans de règne ont fait de moi un homme vieux et malade. »

Un événement considérable allait se passer en Roumélie quelques années plus tard, et rappeler l'attention de l'Europe sur la question d'Orient.

Le premier gouverneur de la Roumélie orientale, Aleko-Pacha avait été déposé sur l'instigation de la Russie et remplacé par Gavril-Pacha, personnage dévoué à la Russie. Ce changement avait fortement déplu aux Rouméliotes, chez qui l'idée de réunion de la Roumélie à la Bulgarie n'avait fait qu'augmenter; la nomination d'un gouverneur russophile développa cette tendance unioniste.

Le 18 septembre 1885 un mouvement insurrectionnel éclata soudainement à Philippopoli ; un comité anonyme annonça que la Roumélie était réunie à la Bulgarie; le gouverneur Gavril-Pacha fut emprisonné et reconduit à la frontière. Les insurgés constituèrent un gouvernement provisoire en proclamant l'union des deux provinces bulgares. La population fut unanime à reconnaître ce nouveau régime, et le prince de Bulgarie plaçait (24 septembre) l'Europe en face du fait accompli, en lui demandant de reconnaître ce nouvel état de choses.

Que pensait l'Europe? Sa première pensée fut un sentiment de défiance vis-à-vis de la Russie, elle croyait voir dans cette nouvelle violation du traité de Berlin une nouvelle intrigue de la Russie fomentée par Gavril-Pacha sa créature. Le contraire était la vérité; c'était surtout un mouvement anti-russe, et l'Europe en eut de suite la preuve dans l'attitude de la Russie. Le czar commença par désavouer le prince Alexandre, il le raya des cadres de l'armée russe et ordonna à tous les officiers et fonctionnaires russes de quitter la Bulgarie. Les cabinets européens envoyèrent, à leur tour, le 15 octobre, une note au prince Alexandre, désapprouvant ce mouvement suscité par les Bulgares. La Porte, malgré l'article du traité de Berlin qui l'autorisait à rétablir l'ordre, préféra temporiser et elle eut raison.

Le procédé habituel de l'Europe en matière orientale fut employé; une conférence se réunit aussitôt à Constantinople le 5 novembre 1885; mais comme la plupart du temps, cette conférence ne put aboutir à rien; la triple alliance d'alors demandait le respect du traité de Berlin et la déposition du prince, et les trois autres puissances, la France l'Angleterre et l'Italie, étaient favorables à l'insurrection rouméliote.

Cette révolution accroissait singulièrement la puissance de la principauté bulgare et n'était pas sans exciter les envies d'autres principautés; elle avait eu son écho en Serbie et en Grèce. Les Serbes, détestant autant les Bulgares que les Turcs, protestèrent contre cette extension de territoire, et comme ces protestations restèrent sans effet, le roi Milan déclara tout simplement la guerre aux Bulgares (14 novembre 1885). Le départ des officiers russes de l'armée bulgare, la supériorité numérique des Serbes avaient laissé croire à l'écrasement des Bulgares; et les puissances escomptaient cette éventualité pour imposer leurs volontés. Mais ce fut une grande déception pour la Porte et la triple alliance. Le jeune prince de Battenberg, à la tête de son armée, sans généraux, après avoir essuyé quelques défaites, reprit vite l'offensive et remporta de brillantes victoires; les Rouméliotes s'étaient enrôlés sous le drapeau bulgare, consacrant ainsi leur union par le baptême du feu. Le 27 novembre, le prince Alexandre arrivait à Pirot, sur le territoire serbe, et menaçait Alexinatz. Cette marche victorieuse des Bulgares inquiéta l'Autriche qui, le 28 novembre, avertit les Bulgares de ne plus avancer, sous peine de rencontrer les troupes autrichiennes.

Le prince Alexandre s'en tint là; un armistice fut imposé aux belligérants par la conférence de Constantinople; l'évacuation des Bulgares devait suivre l'armistice. Les débats de la conférence, appuyés par la force des événements, se terminèrent par un accord direct entre la Porte et le prince Alexandre. Cet arrangement fixait à cinq années la durée de l'union des deux Bulgaries. Chaque province conservait son autonomie particulière; le prince Alexandre gouvernait à Sophia, en vassal de la Porte, et à Philippopoli comme délégué du sultan.

Les districts habités par les musulmans continuaient à être administrés par la Porte, et les troupes bulgares devaient prêter leur assistance à la Turquie. Cette dernière clause ne devait pas précisément satisfaire la Russie qui, plus tard, la fit annuler.

Les puissances signèrent dans un protocole (8 novembre 1886) cette nouvelle convention; le prince de Bulgarie avait refusé d'adhérer à ce nouvel arrangement, mais il ne fut tenu aucun compte de son opposition, et le prince fut forcé de l'accepter. La France obtint aussi l'annulation d'une clause qui forçait les produits français de pénétrer en Bulgarie après avoir payé déjà un premier droit aux douanes turques; c'était un double droit.

La paix avait été signée le 3 mars 1886 sous cette simple forme : « La paix est rétablie entre le royaume de Serbie et la principauté de Bulgarie. »

La Russie, qui avait fait la Bulgarie de San Stephano, refusait de reconnaître l'union, et l'Angleterre, qui avait combattu le même traité, sympathisait avec cette révolution.

De leur côté, les Grecs réclamèrent une extension de territoire suivant le tracé du traité de Berlin, en 1880 : ils redoutaient l'extension des Bulgares en Macédoine, et jugeaient à propos de les précéder ; le tracé de la conférence de Constantinople, du 28 mars 1881, n'était, suivant eux, que provisoire ; et la révolution bulgare venait à propos pour en faire la révision. Le gouvernement hellénique appuya ses prétentions de la levée de ses milices ; des emprunts furent contractés.

Le 11 janvier 1886, les puissances invitèrent d'abord le cabinet Delyannis à désarmer, et l'avertirent que toute attaque des Grecs contre les Turcs donnerait lieu à une sévère répression. Le gouvernement hellénique opposa une fin de non-recevoir, et comme toutes les menaces restaient sans effet, l'Europe se vit obligée de prendre des mesures coercitives contre la Grèce. Toutes les puissances, sauf la France, envoyèrent une flotte au pavillon multicolore bloquer les côtes de la Grèce, avec la ferme intention de lui infliger un Navarin si elle ne se soumettait pas aux exigences de l'Europe. Une nouvelle et dernière sommation, avant de recourir aux mesures de rigueur, fut remise au cabinet d'Athènes.

C'est à ce moment que la France tenta d'intervenir en faveur des Grecs; son pavillon avait refusé de s'associer à l'œuvre inhumaine des puissances contre le petit royaume à qui la France n'avait jamais épargné ses sympathies depuis son indépendance; le gouvernement français, sur l'initiative habile mais imprudente de M. de Freycinet, chercha à convaincre le gouvernement grec: il lui fit remettre par le comte de Mouy une note amicale, l'invitant à la prudence et l'engageant à ne pas se laisser influencer par le sentiment national, si louable qu'il pût être, mais à peser toutes les considérations politiques. Cette déclaration de M. de Freycinet donnait un prétexte honorable au cabinet Delyannis pour se tirer d'affaire en face de l'Europe ameutée contre elle: le gouvernement royal de Grèce déclara aux consuls européens qu'il adhérait aux conseils donnés par le gouvernement de la République française.

Les puissances se crurent jouées par M. de Freycinet, qui eut le tort de ne pas se concerter avec elles sur sa démarche; et elles poursuivirent leur but; elles ne demandaient qu'à humilier la Grèce. Sans tenir compte de la réponse de M. Delyannis à la déclaration de M. de Freycinet, les puissances remirent leur ultimatum, exigeant un désarmement immédiat. M. Delyannis exposa de nouveau les engagements qu'il avait pris avec M. le comte de Mouy, et refusa de désarmer tant que l'ultimatum serait maintenu; devant cette ténacité, très respectable d'ailleurs, la flotte internationale entreprit le blocus de la Grèce. Le ministère Delyannis dut quitter le pouvoir et céder la place à un ministère d'humiliation et de désarmement, présidé par M. Tricoupis.

Le 8 juin 1886, la Grèce cédait, et le blocus était levé.

Il restait encore une révolution à faire en Bulgarie; la Russie allait y prêter la main. Depuis la création de la Bulgarie, le gouvernement russe voyait cette principauté s'émanciper de plus en plus et échapper totalement à son influence; les assemblées étaient dissoutes et renouvelées, mais le parti russe n'en diminuait pas moins. Le czar crut que le prince Alexandre était la cause de cette tendance; il résolut de favoriser sa chute, au besoin par un complot.

L'attaché militaire de Russie à Sofia, M. Samaroff, organisa avec deux officiers bulgares, mécontents de leur position subalterne, un complot dans le but de déposer le prince; trois ministres, MM. Karavelof, Zankof et le ministre de la guerre firent partie de cette conjuration.

Dans la nuit du 21 août 1886, le prince fut pris dans son palais, et emmené sur la frontière russe, il n'eut que le temps de jeter sur un papier ces simples mots : «Dieu sauve la Bulgarie! Alexandre. »

Il revint pourtant à Sofia, appelé par mille adresses de son peuple. Son retour lui valut des ovations inattendues et semblait devoir le consolider, mais un télégramme du czar lui indiquait la conduite à suivre : « J'ai reçu le télégramme de Votre Altesse; je ne puis approuver son retour en Bulgarie; Votre Altesse comprendra ce qu'il lui reste à faire. » Quelques jours plus tard, en effet, le prince abdiquait, abandonnant la Bulgarie à son sort et aux caprices de l'Europe.

Aussitôt après cette abdication, un gouvernement provisoire se constitua et procéda aux élections du Sobranié, afin de pourvoir à la succession du prince Alexandre.

Les élections eurent lieu (10 octobre 1886) et les nouveaux élus, réunis à Tirnova, acclamèrent (11 novembre) le prince Waldemar de Danemark comme prince de Bulgarie. Mais le gouvernement de Sofia n'avait pas compté avec toutes les difficultés que susciteraient l'Europe et la Russie en particulier. Cette puissance, contrairement à tous les usages et

au traité de Berlin, envoya en Bulgarie le général
Kaulbars avec la mission de rétablir l'ordre, mais
en réalité de susciter une insurrection contre la régence : le général déclara tout d'abord les élections
du Sobranié nulles, comme ayant été faites avec une
pression intolérable ; la régence lui fit remarquer
qu'il n'appartenait pas au délégué d'une puissance
de faire cette observation, mais au Sobranié lui-
même à constater la justesse de cette réclamation ;
le général Kaulbars était un élément d'agitation
dans le pays, et ce fut avec bonheur qu'on le vit quitter le territoire bulgare, après l'avoir vu échouer dans
toutes ses entreprises secrètes.

Le roi de Danemark refusant la couronne de Bulgarie pour son fils, le gouvernement provisoire résolut d'en finir ; il envoya d'abord une délégation
de membres du Sobranié dans toutes les capitales
de l'Europe ; ces différentes démarches furent ac-
cueillies partout avec une certaine froideur. Devant
ce nouvel échec, le Sobranié fit un coup de théâtre ;
il élut, sans consulter les puissances et en se plaçant sciemment hors du traité de 1878, le prince
Ferdinand de Saxe-Cobourg ; ce jeune homme accepta le pouvoir et entra en Bulgarie au milieu des
acclamations enthousiastes de son nouveau peuple,
et prêta serment à Tirnova, le 10 août 1887. Qu'allait faire l'Europe ? La violation du traité était formelle ; l'élection du prince avait eu lieu sans le concours de la Porte et l'assentiment des puissances.

La Russie refusa de reconnaître cette élection et
opposa à cette infraction au traité une nouvelle vio-

lation, en faisant de Batoum un port de guerre; elle engagea la Porte à rétablir l'ordre en Bulgarie et à déposer le prince Ferdinand; mais celle-ci fut plus prudente et se contenta d'envoyer notes sur notes au prince Ferdinand, déclarant sa nomination illégale; le prince ne s'en émut pas; il savait que le désaccord européen était une force pour lui et, de plus, il se sentait appuyé par l'Autriche, l'Angleterre et l'Italie.

Au commencement de 1888, à la suite d'une invite faite, dans un discours prononcé au Reichstag par le prince de Bismarck après la publication du traité d'alliance austro-allemand, M. de Giers essaya de reprendre la question bulgare; le chancelier s'étant déclaré disposé à appuyer le gouvernement russe, il envoya une note aux puissances, dans le but de faire cesser le *statu quo* illégal de la Bulgarie; comme avant la politique russe rencontra la même barrière infranchissable. Tandis que le chancelier allemand se plaisait à répéter qu'il ne sacrifierait pas pour la cause bulgare les os du dernier de ses fusiliers poméraniens, ses deux alliés inféodés à sa politique, l'Autriche et l'Italie jointes à l'Angleterre, s'empressaient de contre-carrer la note de M. de Giers et de soutenir le prince Ferdinand; la France et l'Allemagne appuyèrent la note russe.

La Russie se résigna, ne voulant pas déchaîner une guerre générale sur l'Europe qui, en ces années 1887 et 1888, n'avait entendu que le cliquetis des armes sur le Rhin et sur la Vistule.

Le dénouement de cette question bulgare était un

précieux avertissement à la Russie; elle devait désormais renoncer à toute reconnaissance de la part des pays qu'elle avait affranchis et à leur imposer son influence; mais la Russie sera-t-elle assez sage pour continuer à conserver ce rôle de résignation? elle sait qu'elle a, comme Neptune, le pouvoir de déchaîner les tempêtes; nous devons avoir confiance dans le czar Alexandre III.

IX

LA QUESTION D'ORIENT SUR LE CONTINENT AFRICAIN [1].

Sommaire. — Expédition française en Tunisie. — Traité du Bardo. — L'Egypte sous Ismaïl-Pacha. — Réforme judiciaire. — Contrôle anglo-français. — Ministère Nubar-Pacha. — Déposition du Khédive Ismaïl-Pacha. — Le parti national. — Lutte d'Arabi contre le Khédive Tewfik-Pacha. — Massacre d'Alexandrie. — Bombardement de cette ville. — Bataille de Tel-el-Kebir. — Administration de l'Egypte par les Anglais. — Convention de Suez.

Le congrès de Berlin n'avait pas voulu toucher à l'empire ottoman sur le continent africain; mais cette abstention ne fut pas précisément observée

[1]. Voir : les *Années politiques* de Daniel.
Dans la *Revue des Deux Mondes* les articles de M. Gabriel Charmes (1er et 15 août, 1er et 15 septembre 1879), de M. Paul Merman (15 août 1876), de M. Edouard Planchut (1er-15 décembre 1888 (1er-15 janvier, 1er février 1889). Voir également le *Livre jaune français* et le *Livre bleu anglais*.

par les puissances méditerranéennes. Si la Russie et l'Autriche n'y sont intéressées que secondairement, la France, l'Italie et l'Angleterre y déploient une rivalité qui, jusqu'à présent, semble avoir beaucoup plus profité à cette dernière puissance qu'à toute autre; cependant la France a réussi à prendre position à Tunis.

Depuis très longtemps la France avait des droits réels sur la régence de Tunis; la position géographique de ce pays par rapport à l'Algérie, l'intérêt politique et stratégique, le génie colonisateur de la France comme puissance arabe, la destinaient à la possession éventuelle de la Tunisie. Une autre puissance, il est vrai, l'Italie, prétend encore que ses droits sur Tunis sont plus solides que ceux de la France; la Tunisie n'est-elle pas un débris de l'empire romain? et ces petits-fils dégénérés de Caton croient toujours voir devant eux le spectre de Carthage.

Un intérêt supérieur dictait à la France de s'emparer de ce pays; faute de le faire, l'Algérie aurait pu se trouver, à une certaine époque, encaissée entre la Tunisie *italienne* et le Maroc *espagnol* ou *allemand?* : elle était prise dans un étau qui aurait pu lui être funeste.

Le gouvernement français l'avait compris et n'attendait qu'une occasion pour agir. Depuis 1870 la France luttait d'influence dans ce pays avec l'Italie; déjà au moment de la guerre franco-allemande, l'Italie, non contente de chasser les Français de Rome, préparait une diversion en Tunisie; une

flotte était appareillée à cet effet; M. Rothan, notre
ministre à Rome, devança les hardis projets de l'Italie et réussit à faire intervenir le cabinet britannique en notre faveur, à faire ajourner les plans du
ministère italien. En 1871 la France refusa de reconnaître un firman du sultan revendiquant quelques prérogatives du bey de Tunis; mais ce ne fut
qu'au moment du congrès de Berlin, après la répartition de territoires ottomans entre certaines
puissances que la France songea à faire l'acquisition
éventuelle de la régence de Tunis; il ne lui conve-
nait pas de revenir de Berlin les mains vides et suivant l'heureuse expression de Gambetta : « Nous
nous étions donné trop de mal pour découper le rôti
que mangeaient les autres [1]. »

M. Waddington avait sondé le terrain au congrès
de Berlin, il obtint de lord Salisbury un acquies-
cement dans la prise de possession de la Tunisie
par la France; le plénipotentaire anglais lui disait :
« L'Angleterre n'a pas d'intérêts engagés à Tunis
et elle ne fera, dans ce cas, rien pour troubler l'harmonie qui existe entre elle et la France. » L'Angleterre était donc liée par un engagement semi-offi-
cieux, le chancelier d'Allemagne encourageait vivement la France dans la politique coloniale; il y
voyait un dérivatif pour la *furia francese* concentrée
sur le plateau des Vosges; et, sans doute, il était
aisé de créer un conflit franco-italien et d'attirer à
lui l'Italie; ce qui ne manqua pas. L'Autriche et la

1. Daniel, *Année politique*, 1878.

Russie gardèrent pour la France une attitude pleine de sympathies.

Cette campagne ainsi préparée, il restait à agir.

Déjà une première contestation s'était produite en Tunisie, entre le bey de Tunis et le consul de France M. Roustan ; c'était le prologue. Le gouvernement du bey ayant résilié arbitrairement un traité conclu avec un propriétaire français, le comte de Sancy qui avait créé, en Tunisie, à ses frais un haras d'étalons, M. Roustan prit en main les intérêts frustrés du comte de Sancy et des propriétaires français en général, et déclara au ministre du bey, de la part de M. Waddington qu'il exigeait une réparation et des garanties immédiates. Le bey fut forcé de s'incliner et l'incident fut clos. En 1881 la suspension non motivée des travaux du chemin de fer français de la Goulette à Sousse par le gouvernement tunisien et différents autres griefs, entre autres, l'incursion de tribus pillardes appelées les Khroumirs, décidèrent le gouvernement français à agir.

Le 12 avril 1881 des crédits furent demandés aux Chambres, sous prétexte de refouler les Khroumirs qui dévastaient la province de Constantine ; un corps d'armée fut rassemblé sur la frontière tunisienne et l'expédition commença ; le bey ayant refusé de joindre ses troupes à celles de la France, pour châtier les rebelles, il se déclarait ainsi leur complice. Les puissances, si ce n'est la Turquie et l'Italie, ne firent aucune objection à cette campagne.

La Porte en appela à l'Europe, elle tenta de soule-

ver les provinces limitrophes de la Tunisie en faisant appel au panislamisme. Comme calife, le sultan se croyait obligé de secourir le bey de Tunis;
mais par sa politique panislamique, il risquait de
heurter l'Angleterre dans les Indes, la Russie en
Asie, la France en Afrique, et l'Autriche en Bosnie.
Le gouvernement turc rassembla une flotte de cui-
rassés destinée à agir contre les Français en Tunisie; le général Hussein-Pacha fut délégué à Tripoli
où il organisa un centre d'agitations anti-françaises.
Le gouvernement français fit prévenir le sultan par
M. Tissot, ambassadeur de France à Constantinople,
que les mesures provocatrices de la Porte ne l'inti-
midaient pas et que si elle se décidait à **envoyer sa**
flotte à Tunis, elle risquait de l'envoyer directement
à Navarin.

En Italie l'effervescence des esprits n'était pas
moins grande. Ce fut un tollé général quand on apprit la conclusion du traité franco-tunisien; une
crise ministérielle s'ensuivit. Le 21 août, le journal
italien *la Liberta* disait : « En somme les Français
ont montré par leur conduite à Tunis qu'ils n'a-
vaient que faire de notre amitié en Europe. Puisqu'ils y mettent si peu de prix, pourquoi nous fati-
guer à la leur accorder? » L'Italie se résigna pourtant devant le fait accompli, quitte à se jeter dans
les bras de l'Allemagne.

La campagne contre les prétendus Khroumirs se
poursuivit activement et sans pertes sérieuses. Les
colonnes françaises pénétrèrent sur le territoire de
la régence par la frontière algérienne tandis que le

général Bréart, avec une brigade d'infanterie, ga-
gnant de vitesse son corps d'armée, arrivait à l'im-
proviste à Kassar-Saïd où se trouve le palais du
Bardo, résidence du bey (12 mai 1881) et mettait en
demeure le bey de Tunis Mohammed-ès-Sadok de
signer le traité tout préparé qu'il lui présentait,
l'assurant de l'inviolabilité de son territoire et de sa
personne. Le bey céda et le traité fut signé le jour
même.

Le traité du Bardo ou de Kassar-Saïd instituait
en Tunisie le régime spécial du protectorat ; il garantit au bey la sécurité de sa personne, de sa dynastie et de sa régence. La France est autorisée à
occuper militairement le territoire tunisien ; elle
est représentée auprès du bey par un ministre ré-
sident ; elle s'engage d'autre part à protéger le bey
et se porte garante des traités existant entre la Tunisie et les autres puissances.

Ce traité produisit partout en Europe, excepté en
Italie et en Turquie, une excellente impression ; il
pouvait froisser certaines susceptibilités, mais sans
frustrer aucun droit des puissances. Une fois l'expédition terminée, la France se mit à l'œuvre pour
transformer ce pays barbaresque en un pays civi-
lisé ; elle ouvrit l'ère des réformes par une convention, du 8 juillet 1883, promulguant une série de
mesures administratives : les finances furent l'objet
d'un soin particulier et la dette tunisienne fut garantie par la France.

Un décret du bey (7 juin 1883) réorganisait le
système judiciaire, proclamant la compétence des

tribunaux français et enfin, sur le bon vouloir des puissances, le régime des capitulations disparaissait.

En huit ans la situation de la Tunisie au point de vue commercial et industriel est devenue des plus florissantes ; elle a fait plus de progrès en un délai aussi court, toute proportion gardée, que bien des Etats européens.

Depuis Méhémet-Ali, l'autonomie de l'Egypte n'avait fait que s'accroître, la situation était des plus prospères et, comme province tributaire de l'empire ottoman, elle était d'un rapport considérable. On eût pu croire que cet heureux état ne pouvait que continuer avec l'avénement d'Ismaïl-Pacha (8 janvier 1862) : c'était un prince cultivé, épris des belles-lettres et des arts, voulant acclimater en Egypte la civilisation occidentale, il avait su amener une grande affluence d'Européens sur les rives du Nil, mais la plupart attirés par l'appât du lucre.

Obtenir du sultan l'indépendance de l'Egypte et l'hérédité directe, c'était le rêve de Méhémet-Ali, c'était aussi le sien ; mais le premier voulait y arriver en culbutant l'empire ottoman et le second par la séduction de l'or. Aussi fit-il de nombreux voyages à Constantinople, promettant de payer à la Porte un tribut annuel de 150,000 bourses [1]. Comme avec l'argent on arrive toujours à ses fins à Stamboul, Ismaïl-Pacha obtint la vice-royauté de l'Egypte avec hérédité directe de père en fils. Cette

1. La bourse a une valeur de 500 piastres et la piastre vaut un peu plus de 0. 25 centimes.

fantaisie obérait déjà le trésor égyptien, mais Ismaïl ne s'en tint pas là ; il voulut s'ensevelir sous le luxe ; la campagne qu'il mena d'abord contre et ensuite pour le canal de Suez, les palais somptueux qu'il fit élever étaient disproportionnés avec les ressources de l'Egypte ; ainsi il engageait pour une saison, dans un théâtre construit tout exprès, des artistes parisiens.

Aussi disait-il avec orgueil : « mon pays n'est plus en Afrique, nous faisons partie de l'Europe actuellement ; » prétention qui coûta cher à son pays.

Les emprunts se succédaient tous les deux ans en 1862, 1864, 1866, 1867, 1868, 1870, 1873 et devaient finalement faire aboutir cette dilapidation à une catastrophe financière et nationale. Trois milliards avaient été engloutis en quatorze ans et les revenus ne pouvaient suffire au service de cette dette énorme.

Avec ses ambitions de tout réformer, le khédive s'était forgé des armes contre lui-même ; la réforme judiciaire qu'il avait entreprise devait lui être funeste. Voici en quoi consiste cette réforme.

Les Européens établis en Egypte jouissaient depuis des siècles du régime des capitulations les rendant justiciables, en première instance, des juridictions consulaires et en cas d'appel d'une cour de justice de leur pays d'origine ; en France c'était la cour d'Aix. Ce mode de juridiction ne laissait pas que d'être très défectueux ; il pouvait arriver que les adversaires fussent de plusieurs et différentes nationalités, de sorte que ce n'était qu'une série de complications et de conflits.

En 1867, Ismaïl-Pacha imagina un nouveau système de juridiction qui ne fut appliqué qu'en 1875. Il envoya son ministre, Nubar-Pacha dans toutes les chancelleries européennes pour gagner des partisans à cette réforme.

Les capitulations étaient abolies et remplacées par des tribunaux mixtes, composés d'indigènes et d'étrangers ; une commission internationale avait étudié ce projet en 1869. Toutes les puissances y adhérèrent non sans une longue résistance de la Grèce et de la France, à qui le nouveau tribunal semblait devoir être peu impartial ; il pouvait se faire, en effet, que les magistrats indigènes subissent l'influence de leur maître, Ismaïl, détenteur de toutes les richesses de l'Egypte et dont les biens se confondent avec ceux de la nation.

Le plus grand nombre de propriétaires de la dette égyptienne se trouvait en France et en Angleterre ; cette puissance, avec une hardiesse de mauvais aloi, avait acheté secrètement pour cent millions de francs 177,000 actions de Suez au khédive Ismaïl. La Grande-Bretagne s'ouvrait ainsi une porte d'intervention en Egypte. Ce fut une véritable exaspération en France, il y eut un échange d'aigreurs diplomatiques entre Londres et Paris ; mais la France était plongée dans une période de recueillement dont elle ne pouvait se départir sans danger.

La dette égyptienne était contractée une partie

au nom de l'État, une autre partie était hypothéquée sur la *daïra*, ou, pour mieux dire, sur les domaines du khédive ; ces derniers créanciers des daïras se crurent un instant à l'abri, ils n'ignoraient pas cependant que les biens du khédive étaient également ceux de l'Egypte ; lors d'une suspension de paiements des coupons (6 avril 1876), sous prétexte de conversion de la dette, les créanciers des daïras, profitant de la réforme judiciaire, portèrent leurs plaintes devant les tribunaux mixtes, demandant la vente des biens du khédive ; le gouvernement égyptien, épouvanté des conséquences de ces poursuites, en appela vainement à l'Europe ; il se résolut à user de subterfuge, en confondant la dette hypothéquée des dairas avec celle de l'État, sous le nom pompeux de « *Dette unifiée* » (11 mai 1876). En même temps il établissait une commission d'enquête et de surveillance avec le concours d'Européens et d'indigènes. Cette commission d'enquête, malgré les menaces du gouvernement égyptien, déclara le khédive responsable de la situation et, par conséquent, des biens saisissables jusqu'à concurrence du total de sa fortune. De plus elle accordait une liste civile au khédive et lui donnait un rôle absolument subordonné à son gouvernement.

Une commission de la dette était instituée avec la collaboration financière de la France et de l'Angleterre. Ce fut l'origine du contrôle anglo-français, créé par décret (1876).

Ces réformes qui auraient pu améliorer la situation, étaient beaucoup trop sérieuses pour plaire au khédive, dont la puissance avait disparu ; il ne pouvait plus gaspiller et se trouvait soumis aux lois comme le dernier de ses fellahs, c'était une résignation humiliante ; aussi chercha-t-il à entraver la gestion financière du contrôle, dont le représentant anglais était M. Rivers-Wilson, et le français M. de Blignères. La situation empira, les poursuites continuaient et le khédive s'en prit naturellement au contrôle européen.

Et pourtant, les travaux de la commission d'enquête terminés, le khédive sembla se mettre à l'œuvre ; il constituait un ministère avec le concours de MM. Wilson et de Blignères, sous la présidence de Nubar-Pacha ; le portefeuille des finances était attribué à M. Wilson et celui des travaux publics à M. de Blignères. L'avénement de ce cabinet fut accueilli avec faveur partout en Europe ; en Angleterre on était un peu envieux de l'introduction d'un français dans le ministère, mais ce fut de courte durée : en Egypte il n'en fut pas de même ; en effet ce ministère Nubar-Pacha allait mettre un frein au gaspillage ; ceux qui en jouissaient formèrent une grande masse de mécontents, les privilèges féodaux des pachas allaient disparaître ; c'était une nouvelle ère pour l'Egypte. De plus, les Européens qui venaient en Egypte en véritables sangsues voyaient, avec dépit et colère, leurs gains limités.

Nubar-Pacha beaucoup plus dévoué à l'Angleterre qu'à la France, qui avait longtemps résisté à la création des tribunaux mixtes, avait longtemps hésité avant d'admettre M. de Blignères dans son cabinet; il fut forcé également d'ouvrir une porte à l'Italie réclamant également sa part de responsabilité : M. Baravelli reçut le contrôle et la surveillance des comptes.

Ce ministère ainsi formé ne pouvait avoir une durée bien longue, il comptait, avant même sa formation, parmi ses ennemis : le khédive, les grands, les colonies européennes, les consuls, etc.

Le khédive s'était complètement effacé, ne prenant aucune responsabilité des événements, mais les suscitant au besoin pour les réprimer et se poser comme l'homme de la situation ; car, à côté de l'administration officielle du ministère européen se trouvait l'administration occulte d'Ismaïl ; il ne pouvait souffrir Nubar, il sentait en lui le véritable et puissant adversaire de son despotisme, la popularité de cet homme politique en Egypte l'inquiétait. Il agissait secrètement, tout en semblant se désintéresser des affaires et répondait à ceux qui l'invitaient à tenir ses engagements : « Comment voulez-vous que je tienne mes engagements, puisque ce n'est pas moi qui dirige les affaires? Si vos gouvernements veulent que je paie les créances, qu'ils me rendent le pouvoir [1] ? »

Un décret des ministres provoqua le conflit ; une grande partie des troupes, dont la charge était beaucoup trop onéreuse pour le pays, fut licenciée; les officiers furent congédiés sans qu'il leur fût payé une partie de leur solde; et elle leur était due depuis deux ans.

1. Gabriel Charmes, *Revue des Deux Mondes*, 1879.

Ces officiers désappointés, sans aucune ressource, se réunirent au nombre de cinq cents au Caire, envahirent le ministère des finances et celui des affaires étrangères, emprisonnèrent Nubar-Pacha et Wilson et fomentèrent une émeute dans la ville; c'est alors que, par une maladresse incroyable, les consuls européens se rendirent chez le khédive pour le prier de rétablir l'ordre, au lieu de le rendre responsable de tout ce qui arrivait. Ce fut, on le comprit bien, une joie inespérée pour Ismaïl que de se voir rappelé pour ainsi dire, par les consuls, et son autorité morale n'en devint que plus forte. Il parcourut les rues du Caire aux acclamations du peuple, et l'émeute avait disparu comme par enchantement.

En Europe, on ne se trompa nullement sur l'origine de cet incident; cette insurrection des officiers était l'œuvre pure et simple d'Ismaïl: *Is fecit cui prodest.*

Ismaïl en profita pour sortir de sa réserve; il rendit responsable de l'émeute Nubar-Pacha, qui fut forcé de se retirer, ainsi que son collègue du ministère de la guerre.

Les consuls, les véritables auteurs de la crise ministérielle élaborèrent un projet de cabinet. Les puissances hésitèrent longtemps avant de consentir au départ de Nubar-Pacha. Le khédive forma un nouveau ministère sous la présidence de son fils Tewfik-Pacha : les deux ministres européens pouvaient toujours opposer leur veto. Mais si d'un côté, Ismaïl semblait consolider le gouvernement, de l'autre il faisait son possible pour lui nuire. Pour donner plus d'autorité à ses prétentions et à ses volontés, il dressa contre son ministère la puissance de l'assemblée des notables, réunie au Caire, et dont le mandat avait cessé depuis douze mois : c'était la comédie de Midhat-Pacha à Constantinople transportée sur la scène du Caire.

Un incident d'une triste moralité allait dénoncer l'incapacité des hommes qui avaient gouverné l'Egypte, mais surtout les menées occultes du khédive.

« Lorsque le ministre de l'intérieur vint lire à la chambre le décret de dissolution, un député du Caire se leva et l'apostropha violemment d'une belle paraphrase du mot fameux et apocryphe de Mirabeau : « Nous sommes ici par la volonté de la nation, nous n'en sortirons que par la force des baïonnettes ! » Ce même député, l'espoir du parti libéral en Egypte, que ses amis appelaient familièrement le Gambetta égyptien, se trouvant quelques jours plus tard dans un grand banquet auquel assistaient quelques magistrats européens, porta un toast de deux heures à la liberté et au gouvernement parlementaire. Il regardait sans cesse, en parlant, les magistrats européens, dans l'espoir que son discours leur produirait une vive impression et qu'ils voudraient bien y répondre par quelques mots d'encouragement. Ceux-ci ayant gardé le silence, il s'approcha d'eux à l'issue du banquet : « Pourquoi, leur dit-il avec tristesse, n'avez-vous pas parlé après moi ? — Et de quoi voulez-vous donc nous faire parler ? — De la liberté et du gouvernement parlementaire ; car ce sont des choses que j'aime beaucoup, mais je dois vous avouer que je ne sais pas au juste ce que c'est [1]. »

Ismaïl ne cherchait donc qu'à hâter la chute de son ministère par tous les moyens en son pouvoir. Des réunions particulières furent convoquées chez un grand nombre de personnages politiques dévoués au khédive : des réformes y étaient étudiées. Dans une réunion tenue chez un ancien ministre des finances, Ragheb-Pacha, on élabora un plan national dans lequel on formulait la résolution d'expulser tous les européens de l'administration et le renvoi des ministres, anglais et français : c'était un pseudo parti national qui se levait à l'horizon.

Le 1er avril 1879, le ministre anglais M. Revers-Wilson ayant proposé au khédive d'ajourner de quelques jours l'échéance des coupons, Ismaïl déclara formellement qu'il se refusait à cet expédient, attendu que l'Egypte était en état de faire face à toutes les éventualités, et que, d'ailleurs, l'assemblée des notables s'était séparée en protestant contre le cabinet. Les ministres furent destitués de nouveau et Chérif-Pacha forma un ministère indigène dont les membres européens étaient exclus. La rupture du khédive avec ses ministres était consommée. C'était un coup d'Etat dont l'affront fut surtout ressenti à Londres, à Paris et à Constantinople. Mais si la Sublime Porte proposait de destituer Ismaïl et de le remplacer par le prince Halim, fils de Méhémet-

1. Gabriel Charmes, *Revue des Deux Mondes*, 1879.

Ali, l'Angleterre et la France restèrent indécises, n'osant montrer au grand jour leurs longues rivalités sur l'Egypte. Devant cette inaction, l'Allemagne est venue donner l'impulsion. Le gouvernement allemand déclara le ministère du khédive anticonstitutionnel et qu'il ne pouvait réaliser aucune réforme sans l'assentiment des puissances.

L'Europe entière appuya cette juste protestation de l'Allemagne. L'Angleterre et la France demandèrent alors purement et simplement la déposition du khédive.

Le sultan s'empressa de satisfaire à cette exigence, et le khédive, ne pouvant plus donner d'argent à la Porte, fut déposé. Son fils Tewfik fut appelé à lui succéder (mai 1879).

Cette révolution princière n'aplanissait pas toutes les difficultés, d'autres plus graves devaient surgir.

Un décret du sultan (4 septembre 1879) avait rétabli dans leurs fonctions les deux ministres anglais et français, avec la mission spéciale de former le budget. Leur retour aux affaires du pays leur donna une autorité d'autant plus grande, et plus de facilité à accomplir leur tâche laborieuse; l'administration fut réformée de la base au sommet, et l'ordre semblait revenir partout dans le pays.

Cependant le parti qui avait fait l'émeute du Caire, proclamé sous forme de plan national cette devise: « *L'Egypte aux Egyptiens,* » menait contre le ministère européen rétabli une campagne sourde, mais des plus vigoureuses. Un noyau révolutionnaire s'était formé avec certains colonels arabes

destitués par le khédive et qui s'étaient groupés
autour d'un chef plus entreprenant, imposant aux
masses par son éloquence ; ce chef était le colonel
Arabi-Pacha : en peu de temps il sut acquérir une
popularité irrésistible.

Le 9 septembre 1881, une première insurrection éclata dans l'armée réclamant l'exécution du
plan national et le renvoi du ministère européen.

Ne pouvant rien opposer à l'émeute triomphante,
le khédive Tewfik-Pacha fut contraint de céder ; il
forma un nouveau ministère sous la présidence de
Schérif-Pacha, homme d'Etat peu révolutionnaire,
comptant également sur l'appui de l'Occident.

Devant ces difficultés nouvelles le khédive solli-
cita le concours de la Porte ; le sultan envoya au
khédive une mission ottomane dont deux commissaires officiels étaient chargés de rassurer Tewfik et
un autre devait encourager secrètement Arabi-Pacha dans son œuvre de révolution nationale et en
précipiter le dénouement : c'était de la politique
ottomane mais surtout panislamique. Cet encouragement tacite donné par la Porte à Arabi était
inespéré pour celui-ci, aussi ne connut-il plus de
bornes à ses desseins ambitieux.

Ce double complot qui se tramait à Constantinople
et au Caire détermina les puissances à entrer dans
une politique d'action.

En France la question égyptienne était soumise
aux fluctuations de l'omnipotence parlementaire.
Gambetta, durant son court ministère, cherchait à
entraîner l'Angleterre dans une politique d'action

en Egypte ; mais le cabinet de Londres se montrait moins empressé.

Le véritable intérêt de la France consistait alors dans une intervention en Egypte avec la Porte ; mais Gambetta craignait l'influence turque en Egypte et redoutait les contre-coups qu'elle pourrait avoir en Algérie et en Tunisie : « On me dit : Mais la conférence pourra déléguer les Turcs ! Messieurs, je crois que c'est la pire des solutions ; et c'était à mon sens un point sur lequel il ne fallait pas céder, que la question de l'intervention turque. Ramener le Turc au pied des Pyramides, c'est jouer avec le feu en Algérie et en Tunisie. Ramener le Turc sous le pavillon français, c'est dire à tout l'Orient que le khalife est devenu votre maître, c'est abolir en un jour cinquante ans de notre politique.

» Cinquante ans ? Messieurs, je me trompe, car la France ne date pas d'un siècle : c'est abolir sa politique traditionnelle sur les bords du Nil.

» Si, par malheur, je voyais le retour des bataillons réguliers du Sultan et du Khalife au pied de la mosquée d'El-Ahzar, je crois fermement que vous pourriez dire adieu à tous ces rêves de réparation et de reconstitution de la colonie française dont vous nous avez entretenus tout à l'heure[1]. »

A la chute de Gambetta, M. de Freycinet, son successeur, imagina une nouvelle politique, il voulut faire intervenir le concert européen dans les af-

1. Discours de Gambetta à la Chambre des députés (18 juillet 1882).

faires d'Egypte. Pendant cette inaction des puissances occidentales les événements se précipitaient. Au mois de janvier 1882, le parti national avait lancé son programme sous forme de proclamation, déclarant qu'il reconnaissait la suzeraineté du sultan, l'autorité du khédive, les services rendus à l'Egypte par la France et l'Angleterre, la liberté politique et religieuse, et réclamait la fixation de l'effectif militaire à 18,000 hommes. Schérif-Pacha devant cette formidable poussée fut obligé de démissionner, et le khédive de composer un ministère avec les colonels arabes insurgés : Arabi s'octroya le portefeuille de la guerre ; il devint par cela cela même le véritable dépositaire du pouvoir, annihilant le khédive, exerçant une pression éhontée sur l'armée : celle-ci imagina d'accuser certains officiers circassiens de préparer une conjuration contre Arabi ; traduits devant le conseil de guerre, ils furent condamnés à l'exil au Soudan. Par esprit d'humanité et de justice, le khédive commua cette peine en celle du bannissement. Cette ingérence du khédive déplut à Arabi qui, de ce jour, s'engagea de plus en plus dans la voie révolutionnaire ; il convoqua même une assemblée de notables dans le dessein de faire déposer le khédive.

Pour mettre un terme à toutes ces manœuvres. les puissances décidèrent de prendre des mesures énergiques.

L'apparition devant Alexandrie d'une flotte anglo-française (12 mai 1882) produisit un effet contraire à celui qu'on était en droit d'attendre ; ce fut comme à Dulcigno, l'autorité morale de la flotte ne pouvait suffire à rétablir l'ordre ; elle appuyait, il est vrai, un ultimatum réclamant l'éloignement temporaire d'Arabi et la démission du ministère tout entier. Arabi déclara hautement qu'il ne reconnaissait pas le droit aux puissances de se mêler des affaires intérieures de l'Egypte et, joignant l'action à ses paroles, il faisait d'immenses préparatifs de résistance.

Cependant Arabi revenu à la raison ne tarda pas à résigner ses fonctions, mais pour un moment, car dès qu'il ne fut plus au pouvoir, il ne chercha qu'à y revenir ; il se demanda en effet quel mal pouvait bien faire cette flotte qui n'avait aucune troupe de débarquement ; elle ne pouvait étouffer au Caire le foyer de la révolution : et fort de ce raisonnement, il réorganisa une série de manifestations qui le firent rentrer triomphalement au ministère et malgré le khédive : c'était l'échec honteux de la démonstration navale.

En présence de cet affront, M. de Freycinet songea à réunir une conférence, ce fut, dit-on, l'avis de l'ambassadeur d'Allemagne ; mais on se heurta comme toujours au refus systématique de la Porte qui promit de rétablir à elle seule l'ordre en Egypte. Elle envoya, dans les premiers jours de juin, Dervich-Pacha, maréchal de l'empire, avec une mission d'apaisement. L'arrivée de ce personnage en Egypte coïncida malheureusement avec le massacre d'Alexandrie (11 juin). Les musulmans s'étaient soulevés contre les chrétiens et durant deux heures le massacre avait lieu en présence de l'escadre.

C'est alors que l'Italie et l'Autriche envoyèrent chacune une escadre. La Porte n'en assura pas moins que Dervich-Pacha rétablirait l'ordre.

La conférence proposée par M. de Freycinet s'était ouverte le 23 juin à Constantinople, sous la présidence du comte Corti et sans le concours de la Porte. Les bases de ses travaux étaient celles-ci : 1° maintien des prérogatives du sultan, du khédive et des puissances; 2° respect des libertés garanties par les finances du sultan : 3° développement progressif des institutions de l'Egypte.

Lord Dufferin proposait à la conférence le rétablissement de l'ordre en Egypte par l'expédition d'un corps turc et anglo-français, et de demander à la Porte de prendre les mesures les plus énergiques contre Arabi.

Le gouvernement britannique allait devancer les lenteurs des travaux de la conférence en adoptant une attitude de rigueur devant Alexandrie. L'amiral Seymour adressa à Arabi et à ses fanatiques un ultimatum d'avoir à cesser les préparatifs de résistance, car il comprenait que dans peu de temps la mission de la flotte serait devenue impossible. Ne recevant aucune réponse, le 21 juillet au matin l'escadre anglaise bombarda Alexandrie.

Devant le bombardement, Arabi se retira avec ses troupes, non sans avoir auparavant livré la ville au pillage et après avoir ouvert les portes de toutes les prisons.

L'escadre française n'avait pas participé à cette exécution sommaire. L'amiral Conrad avait ordre, au premier coup de canon, de s'éloigner d'Alexandrie et de gagner Port-Saïd. Telle était la politique d'action que M. de Freycinet préconisait; il est vrai que le 18 juillet la Chambre des députés lui avait accordé des crédits, non pour agir, mais pour mettre notre flotte en état de faire une campagne; ces crédits étaient demandés pour garantir le canal de Suez contre toute tentative des insurgés d'Arabi. Il nous était laissé de voir au Palais-Bourbon la politique traditionnelle de la France en Egypte renversée en un jour par une majorité de députés factice.

Le 25 juillet, M. de Freycinet demandait un crédit de 9 millions afin de prendre des mesures efficaces pour protéger Suez. Les débats s'engagèrent au Parlement le 29 juillet; et il a suffi d'un remarquable discours de M. Clémenceau, mais d'une clairvoyance étroite pour faire repousser par 417 voix contre 75 les crédits demandés.

« L'Europe, disait le député du Var, est couverte de soldats; tout le monde attend, les puissances réservent leur liberté pour l'avenir; réservons la liberté de la France [1]. »

Ce vote de la Chambre renonçait à toute action de la France en Egypte, et pour n'avoir pas voulu débarquer un homme sur les rives du Nil, la France s'évinçait elle-même de l'Egypte.

[1]. Quelques hommes politiques ont pensé à tort ou à raison que notre effacement en Égypte nous avait évité l'expédition de Khartoum à la place des Anglais.

En Angleterre, le gouvernement a pris résolument la responsabilité de cette campagne ; en France le gouvernement de M. de Freycinet n'a pu que montrer : « *une neutralité bienveillante.* » Lord Dufferin avait eu raison de dire : « Si la France eût envoyé 4 hommes et 1 caporal nous aurions eu à compter avec elle. »

A Constantinople, la Porte, qui avait tardivement jugé à propos de s'immiscer dans la conférence, se montrait disposée à envoyer des troupes ottomanes en Egypte ; l'Angleterre y mit cette condition que la Porte s'engagerait absolument à rétablir l'ordre avec ses troupes et à déclarer Arabi rebelle. Quant à Suez, la conférence admit, sur l'initiative du comte Corti, que le canal serait placé sous la sauvegarde collective des puissances.

Le 29 juillet, la France avait déclaré qu'elle n'irait pas à Suez, et le 2 août les troupes anglaises venant des Indes arrivaient dans ce port, prêtes à débarquer. M. de Lesseps se trouvant à Suez, put obtenir d'Arabi l'engagement de respecter le canal ; ce qui rendait l'intervention des Anglais inutile : le général sir James Wolseley débarqua en Egypte le 20 août, à Port-Saïd et le 5 septembre une convention militaire anglo-turque était conclue, déclarant Arabi rebelle.

Cette campagne fut terminée en quelques jours. Le 13 septembre le général Wolseley défit les troupes d'Arabi à Tel-el-Kébir et le fit lui-même prisonnier ; lord Dufferin prévint immédiatement la Porte qu'il était inutile qu'elle se dérangeât. L'expédition militaire terminée, l'ordre fut partout rétabli et le khédive reprenait le pouvoir.

Le succès était complet pour le gouvernement britannique; le 4 octobre il ordonnait à une partie de ses troupes d'évacuer le pays. Quant à Arabi, pour le succès duquel les musulmans de Bombay, de Calcutta priaient dans leurs mosquées, il fut dirigé sur l'île de Ceylan.

Ayant réprimé elle-même, l'Angleterre prétendait réorganiser l'Egypte à elle seule, et de ce jour elle absorba ce pays administrativement, éliminant la France de l'Egypte. Mais la question du contrôle établi au profit de l'Angleterre et de la France par des traités internationaux était le seul obstacle qui retenait la France en Egypte et ne pouvait être supprimé sans sa volonté. Le cabinet de Londres offrit à la France d'abolir le contrôle à deux et de lui donner en échange la présidence de la commission de la dette publique.

M. Duclerc, ministre des affaires étrangères, avec un admirable esprit de clairvoyance repoussa cette offre qui ne lui paraissait pas suffisamment désintéressée et se retrancha derrière une politique d'abstention qui fut la force de la France et lui ménageait un retour honorable aux affaires d'Egypte. M. Duclerc, expliquant sa politique à la Chambre, disait le 15 janvier 1883 : « Du moment où les Anglais renonçaient à la continuation de l'action commune, entendant assurer désormais à eux seuls la charge et le règlement des affaires d'Egypte, nous n'avions qu'à reprendre nous-mêmes notre liberté d'action. »

Cette fin de non recevoir du cabinet français provoqua en Angleterre une grande irritation. Lord Granville déclara aux puissances, qu'il était impossible d'arriver à une entente avec la France et que les négociations relatives à l'Egypte étaient désormais rompues. M. Duclerc fit savoir aux puissances, toutes favorables alors à la politique française, quel était au juste l'état réel de la question et que les dissentiments entre Londres et Paris n'étaient dus qu'à l'Angleterre qui persistait à ne pas vouloir tenir compte de nos intérêts politiques en Egypte.

Il fallait néanmoins sortir de cette impasse; le 24 avril 1884, le gouvernement anglais adressa une note aux puissances les invitant à réunir une conférence pour le règlement des questions financières d'Egypte. On y adhéra de toutes parts, mais il fallut au cabinet de Saint-James subir encore la volonté de la France. En effet, M. Jules Ferry faisait remarquer que l'on ne pouvait pas exclure des travaux de la conférence les questions d'administration et de politique au sujet de l'Egypte; si la gestion financière de l'Angleterre a été mauvaise, ce n'est pas à l'Europe d'en prendre la responsabilité.

Le 17 juin, l'entente anglo-française put enfin se faire, non sans concessions de part et d'autre. La Chambre française trouvait que M. Jules Ferry avait un peu trop sacrifié à l'Angleterre et que la France devait réserver sa liberté d'action où son isolement l'avait placée, ce qui lui donnait une grande influence en Europe. Le président du conseil faisait remarquer très justement que l'abstention ne pouvait durer : elle aurait pu tourner à l'avantage de l'Angleterre. A Londres, on trouvait au contraire que M. Gladstone avait trop concédé à la France. La base même de l'entente reposait sur les conditions suivantes : la France s'engageait à ne pas demander le rétablissement du contrôle et à ne pas occuper l'Egypte après l'Angleterre. D'autre part, la Grande-Bretagne s'engageait à évacuer l'Egypte à une date fixe et à élaborer un projet de neutralisation de l'Egypte et du canal de Suez.

La conférence de Londres, qui s'ouvrit le 28 juillet, fut une longue lutte entre la France et l'Angleterre. Celle-ci voulait réduire de $1/2\,\%$ les intérêts de la dette égyptienne ; la France demandait la suspension de l'amortissement durant trois ans. Aucun accord ne pouvant se faire, la conférence se rompit le 2 août, et chaque puissance reprenait sa liberté d'action. C'était un échec pour l'Angleterre ; les négociations n'étaient que suspendues ; la situation s'aggravait en Egypte ; une insurrection formidable venait d'éclater au Soudan.

En décembre 1884, lord Granville proposa une nouvelle combinaison à laquelle la France opposa une contre-proposition ; le principe d'un emprunt égyptien de 225 millions de francs y était accepté, mais avec la garantie collective des puissances. L'Angleterre devait renoncer à $1/2\,0/0$ sur les intérêts de Suez, l'amortissement serait interrompu pendant deux ans et enfin une conférence devrait se réunir afin de régler la question de Suez.

L'Angleterre se décida à accepter le projet français : si donc la France n'entrait pas seule en Egypte, elle y entrait avec l'Europe tout entière. Le 17 mars 1885 l'entente était signée à Londres par M. Gladstone, le 30 mars la conférence de Suez allait s'ouvrir à Paris.

Un incident léger arrêta un moment les négociations. Après la chute du cabinet Ferry en France, un journal français, paraissant au Caire, le *Bosphore Egyptien* fut supprimé subitement pour avoir attaqué l'administration anglaise en Egypte ; des représentations furent faites par notre chargé d'affaires à Nubar-Pacha : M. de Freycinet dut recourir aux menaces pour obtenir des excuses et la réapparition du *Bosphore*.

L'administration anglaise n'avait pas eu que des déboires financiers ; la malheureuse campagne militaire dans le Soudan égyptien était venue s'ajouter aux embarras de l'Angleterre. Un aventurier, Gordon s'était chargé d'anéantir les troupes du madhi ; il essuya un échec complet ; on dut envoyer à son secours le vainqueur de Tel-el-Kébir, mais trop tard ; en effet Gordon succombait dans sa généreuse entreprise : le 28 janvier 1885, Khartoum tombait aux mains du madhi ainsi que Gordon ; deux jours plus tard le général Wolseley envoyé à son secours arrivait à Khartoum constater ce suprême désastre. A Londres cet événement ne fut considéré que comme un simple fait-divers et le ministère Gladstone n'en a ressenti aucune atteinte ; pourtant lord

Salisbury exprimait un sage jugement lorsqu'il disait : « Ceux qui nous gouvernent ont échoué dans toutes leurs entreprises; ils n'ont réussi ni à vaincre le madhi, ni à sauver la garnison assiégée, ni à préserver la vie de l'héroïque Gordon. »

Ce ne fut qu'en 1883 que cette « grande duperie » du canal de Suez — c'était ainsi que les Anglais qualifiaient cette œuvre grandiose lors de son percement — fut nettement séparée de la question égyptienne et que son intérêt fut considéré absolument comme international.

Dans une circulaire du 3 janvier 1883 lord Granville proposait pour le canal de Suez le régime suivant :

1° Libre passage en tout temps de tout navire.

2° Ni troupes ni munitions ne seraient débarquées dans le canal.

3° Aucune hostilité aux approches du canal ni dans les eaux territoriales de l'Egypte.

4° Les précédentes mesures ne seraient pas applicables aux mesures nécessaires pour la défense de l'Egypte.

5° Toute puissance dont les vaisseaux dommageraient le canal devrait payer la réparation.

6° L'Egypte prendrait les mesures pour faire observer les conditions imposées aux navires belligérants passant le canal en temps de guerre.

7° Aucune fortification dans le voisinage.

8° Les arrangements ne diminueraient en rien les droits territoriaux du gouvernement d'Egypte.

Nous avons vu que M. Duclerc avait déjoué le plan britannique; en effet ce nouveau projet plaçait le canal de Suez sous la surveillance de l'Egypte et partant de l'Angleterre.

Ce ne fut qu'en 1885 (30 mars) que M. Jules Ferry put arriver à la réunion d'une conférence à Paris concernant uniquement la question de Suez; cette conférence prit pour base les deux projets français et anglais; elle fut arrêtée un moment dans ses travaux par la chute des cabinets Gladstone et Ferry. La divergence se manifesta au sujet de la protection à donner au canal.

Pendant les lenteurs de la conférence, l'Angleterre agissait à Constantinople. Sir Drumond Wolf avait promis de rapporter à la reine d'Angleterre les clés du Bosphore égyptien pour son jubilé; il proposait à cet effet au sultan un projet de traité direct entre l'Angleterre et la Porte aux termes duquel l'Angleterre s'engageait à évacuer l'Egypte dans un délai de trois ans, mais en se réservant un droit de réoccupation : le comte de Montebello, ambassadeur français, usa de son influence sur le sultan pour déjouer cette dernière manœuvre.

Donc, d'une part impuissance de la conférence à adopter une solution, et, d'un autre côté, échec complet de l'entente directe entre la Porte et la Grande-Bretagne.

Néanmoins, la conférence en 1887 avait élaboré le nouveau régime de Suez après un accord préalable entre Londres et Paris. Il fut modifié en quelques-unes de ses parties par le gouvernement ottoman qui ne se sentait pas pressé de promulguer cette convention internationale.

L'incident de Massouah soulevé par M. Crispi vint arrêter momentanément la procédure diplomatique. Il fut joint à la convention un protocole réservant les droits du gouvernement impérial ottoman sur ses possessions situées sur la côte occidentale de la mer Rouge. Dans une note italienne au sultan, le baron Blanc, ambassadeur d'Italie en Turquie, déclarait que le gouvernement italien ne pouvait signer cette convention « qu'à la condition absolue que la Porte y spécifie, d'une manière précise, tous les points des côtes de la mer Rouge et de la Méditerranée — sans omettre ceux qui sont situés à l'ouest de Tripoli — sur lesquels le gouvernement ottoman prétend affirmer ses droits de souveraineté. »

Comme la Porte revendiquait Massouah, l'Italie essayait d'étendre ce droit de suzeraineté jusqu'en Algérie.

Cet incident passé, ce n'est que vers le mois d'octobre 1888 que put paraître cette convention de Suez, dont le texte fut soumis immédiatement à la signature des puissances. Elle ne souleva aucune difficulté ultérieure.

CONVENTION DE SUEZ

Les gouvernements de, etc., etc..., voulant consacrer par un acte conventionnel l'établissement d'un régime définitif destiné à garantir en tout temps et à toutes les puissances le libre usage du canal maritime de Suez et compléter ainsi le régime sous lequel la navigation par ce canal a été placée par le firman de S. M. I. le sultan en date du 22 février 1866 (2 zilkadé 1282) sanctionnant les concessions de S. A. le khédive, ont nommé pour leurs plénipotentiaires, savoir, etc., etc.,) lesquels, s'étant communiqué leurs pleins pouvoirs respectifs, trouvés en bonne et due forme, sont convenus des articles suivants :

Article premier. — Le canal maritime de Suez sera toujours libre et ouvert, en temps de guerre comme en temps de paix, à tout navire de commerce ou de guerre, sans distinction de pavillon.

En conséquence, les hautes parties contractantes conviennent de ne porter aucune atteinte au libre usage du canal, en temps de guerre comme en temps de paix.

Le canal ne sera jamais assujetti à l'exercice du droit de blocus.

Art. 2. — Les hautes parties contractantes, reconnaissant que le canal d'eau douce est indispensable au canal maritime, prennent acte des engagements de S. A. le khédive envers la compagnie universelle du canal de Suez en ce qui concerne le canal d'eau douce, engagements stipulés dans une convention en date du 18 mars 1873, contenant un exposé et quatre articles.

Elles s'engagent à ne porter aucune atteinte à la sécurité de ce Canal et de ses dérivations, dont le fonctionnement ne pourra être l'objet d'aucune tentative d'obstruction.

Art. 3. — Les hautes parties contractantes s'engagent de même à respecter le matériel, les établissements, constructions et travaux du canal maritime et du canal d'eau douce.

Art. 4. — Le canal maritime restant ouvert en temps de guerre comme passage libre, même aux navires de guerre de belligérants, aux termes de l'article 1er du présent traité, les hautes parties contractantes conviennent qu'aucun droit de guerre, aucun acte d'hostilité ou aucun acte ayant pour but d'entraver la libre navigation du canal ne pourra être exercé dans le canal et ses ports d'accès, ainsi que dans un rayon de trois milles marins de ces ports, alors même que l'empire ottoman serait l'une des puissances belligérantes.

Les bâtiments de guerre des belligérants ne pourront, dans le canal et ses ports d'accès, se ravitailler ou s'approvisionner que dans la limite strictement nécessaire. Le transit desdits bâtiments par le canal s'effectuera dans le plus bref délai, d'après les règlements en vigueur et sans autre arrêt que celui qui résulterait des nécessités du service. Leur séjour à Port-Saïd et dans la rade du Suez ne pourra dépasser vingt-quatre heures, sauf le cas de relâche forcée. En pareil cas, ils seront tenus de partir le plus tôt possible. Un intervalle de vingt-quatre heures devra toujours s'écouler entre la sortie d'un port d'accès d'un navire belligérant et le départ d'un navire appartenant à la puissance ennemie.

ART. 5 — En temps de guerre, les puissances belligérantes ne débarqueront et ne prendront dans le canal et ses ports d'accès ni troupes, ni munitions, ni matériel de guerre. Mais dans le cas d'un empêchement accidentel dans le canal, on pourra embarquer ou débarquer, dans les ports d'accès, des troupes fractionnées par groupes n'excédant pas 1,000 hommes avec le matériel de guerre correspondant.

Art. 6. — Les prises seront soumises sous tous les rapports au même régime que les navires de guerre des belligérants.

Art. 7. — Les puissances ne maintiendront dans les eaux du canal (y compris le lac de Timsah et les lacs Amers) aucun bâtiment de guerre.

Toutefois dans les ports d'accès de Port-Saïd et de Suez, elles pourront faire stationner des bâtiments de guerre, dont le nombre ne devra pas excéder deux pour chaque puissance.

Ce droit ne pourra être exercé par les belligérants.

Art. 8. — Les agents en Égypte des puissances signataires au présent traité seront chargés de veiller à son exécution. En toute circonstance qui menacerait la sécurité ou le libre passage du canal, ils se reuniront sur la convocation de trois d'entre eux et sous la présidence de leur doyen, pour procéder aux constatations nécessaires. Ils feront connaître au gouvernement khédivial les dangers qu'ils auront reconnus, afin que celui-ci prenne les mesures propres à assurer la protection et le libre usage du Canal.

En tout état de cause, ils se réuniront une fois par an pour constater la bonne exécution du traité.

Ces dernières réunions auront lieu sous la présidence d'un commissaire spécial, nommé à cet effet par le gouvernement impérial ottoman. Un commissaire khédivial pourra également prendre part à la réunion et la présider en cas d'absence du commissaire ottoman.

Ils réclameront notamment la suppression de tout rassemblement qui, sur l'une ou l'autre rive du canal, pourrait avoir pour but, pour effet, de porter atteinte à la liberté et à l'entière sécurité de la navigation.

Art. 9. — Le gouvernement égyptien prendra, dans la limite de ses pouvoirs, tels qu'ils résultent des firmans, et dans les conditions prévues par le présent traité, les mesures nécessaires, pour faire respecter l'exécution dudit traité.

Dans le cas où le gouvernement égyptien ne disposerait pas de moyens suffisants, il devra faire appel au gouvernement impérial ottoman, lequel prendra les mesures nécessaires pour répondre à cet appel et en donnera avis aux autres puissances signataires de la déclaration de Londres du 17 mars 1885, et au besoin se concertera avec elles à ce sujet.

Les prescriptions des articles 4, 5, 7 et 8 ne feront

pas obstacle aux mesures qui seront prises en vertu du présent article.

Art. 10. — De même, les prescriptions des articles 4, 5, 7 et 8 ne feront pas obstacle aux mesures que S. M. I. le sultan et S. A. le khédive, au nom de Sa Majesté Impériale et dans les limites des firmans concédés, seraient dans la nécessité de prendre pour assurer, par leurs propres forces la défense de l'Egypte et le maintien de l'ordre public.

Dans le cas où S. M. I. le sultan et S. A. le khédive se trouveraient dans la nécessité de se prévaloir des exceptions prévues par le présent article, les puissances signataires de la déclaration de Londres en seraient avisées par le gouvernement impérial ottoman.

Il est également entendu que les prescriptions des quatre articles dont il s'agit ne porteront en aucun cas obstacle aux mesures que le gouvernement impérial ottoman croira nécessaire de prendre pour assurer par ses propres forces la défense de ses autres possessions situées sur la côte orientale de la mer Rouge.

Art. 11. — Les mesures qui seront prises dans les cas prévus par les articles 9 et 10 du présent traité ne devront pas faire obstacle au libre usage du canal.

Dans ces mêmes cas l'érection de fortifications permanentes élevées contrairement aux dispositions de l'article 8 demeure interdite.

Art. 12. — Les Hautes Parties contractantes conviennent, par application du principe d'égalité en ce qui concerne le libre usage du canal, principe qui forme l'une des bases du présent traité, qu'aucune d'elles ne recherchera, par rapport au canal, d'avantages territoriaux ou commerciaux, ni de privilèges dans les arrangements internationaux qui pourront intervenir par rapport au canal. Sont d'ailleurs réservés les droits de la Turquie comme puissance territoriale.

Art. 13. — En dehors des obligations prévues expressément par les clauses du présent traité, il n'est porté aucune atteinte aux droits et immunités de S. A le khédive, tels qu'ils résultent des firmans.

Art. 14. — Les Hautes Parties contractantes conviennent que les engagements résultant du présent traité ne seront pas limités par la durée des actes de concession de la compagnie universelle du Canal de Suez.

Art. 15. — Les stipulations du présent traité ne feront pas obstacle aux mesures sanitaires en vigueur en Egypte.

Art. 16. — Les Hautes Parties contractantes s'engagent à porter le présent traité à la connaissance des Etats qui ne l'ont pas signé, en les invitant à y accéder.

Le présent traité sera ratifié et les ratifications en seront échangées à Constantinople dans un délai d'un mois, ou plus tôt, si faire se peut.

En foi de quoi les plénipotentiaires respectifs ont signé le présent traité et y ont apposé le sceau de leurs armes.

APPENDICE

TEXTE DU TRAITÉ DE BERLIN

—

Au nom de Dieu tout-puissant.

S. M. la reine du Royaume-Uni de la Grande-Bretagne et d'Irlande, impératrice des Indes; S. M. l'empereur d'Allemagne, roi de Prusse; S. M. l'empereur d'Autriche, roi de Bohême, etc., et roi apostolique de Hongrie; le président de la République française; S. M. le roi d'Italie; S. M. l'empereur de toutes les Russies; S. M. l'empereur des Ottomans, désirant régler dans une pensée d'ordre européen, conformément aux stipulations du traité de Paris, du 30 mars 1856, les questions soulevées en Orient par les événements des dernières années et par la guerre dont le traité préliminaire de San Stefano a marqué le terme, ont été unanimement d'avis que la réunion d'un congrès offrirait le meilleur moyen de faciliter leur entente.

Leurs dites Majestés et le président de la République française ont, en conséquence, nommé pour leurs plénipotentiaires, savoir :

S. M. la reine du Royaume-Uni de la Grande-Bretagne et d'Irlande, impératrice des Indes :

Le très honorable Benjamin Disraeli, comte de Beaconsfield, vicomte de Hughenden, pair du Parlement, membre du très honorable conseil privé de Sa Majesté, premier lord de la trésorerie de Sa Majesté et premier ministre d'Angleterre ; le très honorable Robert-Arthur Talbot Gascoyne Cecil, marquis de Salisbury, vicomte Cranborne, baron Cecil, pair du Parlement, membre du très honorable conseil privé de Sa Majesté, principal secrétaire d'État de Sa Majesté au département des affaires étrangères ; et le très honorable lord Odo William Léopold Russell, membre du conseil privé de Sa Majesté, son ambassadeur extraordinaire et plénipotentiaire près de S. M. l'empereur d'Allemagne, roi de Prusse ;

S. M. l'empereur d'Allemagne, roi de Prusse :

Le sieur Othon, prince de Bismarck, son président du conseil des ministres de Prusse, chancelier de l'empire ; le sieur Bernard-Ernest de Bulow, son ministre d'État et secrétaire d'État au département des affaires étrangères ; et le sieur Chlodwig-Charles-Victor, prince de Hohenlohe-Schllingsfurst, prince de Ratibor et Corvey, son ambassadeur extraordinaire et plénipotentiaire près la République française, grand chambellan de la couronne de Bavière ;

S. M. l'empereur d'Autriche, roi de Bohême, etc., et roi apostolique de Hongrie ;

Le sieur Jules comte Andrassy de Csik Szent-Kiraly et Kraszua-Horka, grand d'Espagne de Iʳᵉ classe, conseiller intime actuel, son ministre de la maison impériale et des affaires étrangères, feld-maréchal-lieutenant dans ses armées ; le sieur Louis, comte Karolyi de Nagy-Karoly, chambellan et conseiller intime actuel, son ambassadeur extraordinaire et plénipotentiaire près Sa Majesté l'empereur d'Allemagne, roi de Prusse; et le sieur Henri, baron de Haymerlé, conseiller intime actuel, son ambassadeur extraordinaire et plénipotentiaire près S. M. le roi d'Italie;

Le président de la République française :

Le sieur William-Henri Waddington, sénateur, membre de l'Institut, ministre secrétaire d'État au département des affaires étrangères; le sieur Charles-Raymond de la Croix de Chevrière, comte de Saint-Vallier, sénateur, ambassadeur extraordinaire et plénipotentiaire de France près S. M. l'empereur d'Allemagne, roi de Prusse; et le sieur Félix-Hippolyte Desprez, conseiller d'État, ministre plénipotentiaire de première classe, chargé de la direction des affaires politiques au ministère des affaires étrangères;

S. M. le roi d'Italie :

Le sieur Louis, comte Corti, sénateur, son ministre des affaires étrangères ; et le sieur Edouard, comte de Launay, son ambassadeur extraordinaire et plénipotentiaire près S. M. l'empereur d'Allemagne, roi de Prusse ;

S. M. l'empereur de toutes les Russies :

Le sieur Alexandre, prince Gortchakof, son chancelier de l'empire; le sieur Pierre, comte Chouvalof, général de cavalerie, son aide de camp général, membre du conseil de l'empire et son ambassadeur extraordinaire et plénipotentiaire près S. M Britannique; et le sieur Paul d'Oubril, conseiller privé actuel, son ambassadeur extraordinaire et plénipotentiaire près S. M. l'empereur d'Allemagne, roi de Prusse;

Et S. M l'empereur des Ottomans :

Alexandre Carathéodory-Pacha, son ministre des travaux publics; Mehemed Ali-Pacha, muchir de ses armées; et Sadoullah Bey, son ambassadeur extraordinaire et plénipotentiaire près S. M. l'empereur d'Allemagne, roi de Prusse.

13

Lesquels, suivant la proposition de la cour d'Autriche-Hongrie et sur l'invitation de la cour d'Allemagne, se sont réunis à Berlin, munis de pleins pouvoirs qui ont été trouvés en bonne et due forme.

L'accord s'étant heureusement établi entre eux, ils sont convenus des stipulations suivantes :

Article 1er. — La Bulgarie est constituée en principauté autonome et tributaire, sous la suzeraineté de S. M. I. le sultan; elle aura un gouvernement chrétien et une milice nationale.

Article 2. — La principauté de Bulgarie comprendra les territoires ci-après :

La frontière suit, au nord, la rive droite du Danube depuis l'ancienne frontière de Serbie jusqu'à un point à déterminer par une commission européenne à l'est de Silistrie, et, de là, se dirige vers la mer Noire au sud de Mangalia qui est rattaché au territoire roumain. La mer Noire forme la limite est de la Bulgarie. Au sud, la frontière remonte, depuis son embouchure, le thalweg du ruisseau près duquel se trouvent les villages Hodza-kioj, Selam-Kioj, Aivadsik, Kulibe, Sudzuluk; traverse obliquement la vallée de Deli-Kamcik, passe au sud de Belibe et de Kemhalik et au nord de Hadzimahate, après avoir franchi le Deli-Kamcik, à 2 kilom. et demi en amont de Cengei, gagne la crête à un point situé entre Tekenlik et Aïdos-Bredza, et la suit par Karnabad Balkan, Prisevica Balkan, Kasan Balkan, au nord de Kotel, jusqu'à Demir Kapu. Elle continue par la chaîne principale du Grand-Balkan, dont elle suit toute l'étendue jusqu'au sommet de Kosica.

Là, elle quitte la crête du Balkan, descend vers le sud entre les villages de Pirtop et de Duzanci, laissés l'un à la Bulgarie et l'autre à la Roumélie orientale jusqu'au ruisseau de Tuzlu-Dere, suit ce cours d'eau jusqu'à sa jonction avec la Topotnica, puis cette rivière jusqu'à son confluent avec Smovskio Dere, près du village de Petricevo, laissant à la Roumélie orientale une zone de deux kilomètres de rayon en amont de ce confluent, remonte entre les ruisseaux de Smovskio Dere et la Kamenca, suivant la ligne de partage des eaux, pour tourner au sud-ouest à la hauteur de Vonjak et gagner directement le point 875 de la carte de l'état-major autrichien.

La ligne frontière coupe en ligne droite le bassin supérieur du ruisseau d'Ichtiman-Déré, passe entre Bogdina et Karaula, pour retrouver la ligne de partage des eaux séparant les bassins de l'Isker et de la Marica, entre Camurli et Hadzilar, suit cette ligne par les sommets de Velina Mogila, le col 531, Zmailica Vrh. Sumnatica et rejoint la limite administrative du sandjak de Sofia entre Sivri Tas et Cadir Tepe.

De Cadir Tepe, la frontière se dirigeant au sud-ouest suit la ligne de partage des eaux entre les bassins de Mesta Karasu d'un côté et de Struma Karasu de l'autre, longe les crêtes des montagnes du Rhodope appelées Demir Kapu, Iskoftepe Kadimesar Balkan, et Aiji Gedük jusqu'à Kapetnik Balkan, et se confond ainsi avec l'ancienne frontière administrative du sandjak de Sofia.

De Kapetnik Balkan la frontière est indiquée par la ligne de partage des eaux entre les vallées de la Rislka reka et de la Bistrica reca et suit le contre-fort appelé Vod nica Planina, pour descendre dans la vallée de la Struma, au confluent de cette rivière avec la Rilska reka, laissant le village de Barakli à la Turquie. Elle remonte alors au sud du village Jelesnica, pour atteindre par la ligne la plus courte la chaîne de Golema-Planina au sommet de Golka et y rejoindre l'ancienne frontière administrative du sandjak de Sofia, laissant toutefois à la Turquie la totalité du bassin de la Sulia reka.

Du mont Gitka, la frontière ouest se dirige vers le mont Crni Vrh par les montagnes de Karvena Jabuffa, en suivant l'ancienne limite administrative du sandjak de Sofia, dans la partie supérieure des bassins de

Egrisu et de Lepnica, gravit avec elle les crêtes de Babina-Polana et arrive au mont Crni Vrh.

Du mont Crni Vrh, la frontière suit la ligne de partage des eaux entre la Struma et la Morawa par les sommets du Streser. Vilogolo et Mesid Planina, rejoint par la Gacina, Crna Trava, Darkovska et Drainica Plan, puis le Descani Kladanec, la ligne de partage des eaux de la Haute-Sukowa et de la Morawa, va directement sur le Stol et en descend pour couper, à 1,000 mètres au nord-ouest du village de Segusa, la route de Sofia à Pirot. Elle remonte en ligne droite sur le Vidlic Planina et de là sur le mont Radocina, dans la chaîne du Kodza Balkan, laissant à la Serbie le village de Doikinci, et à la Bulgarie celui de Senakos.

Du sommet du mont Radocina, la frontière suit vers l'ouest la crête des Balkans par Ciprovec Balkan et Stara Planina jusqu'à l'ancienne frontière orientale de la principauté de Serbie, près de Kula Smiljova Cuka, et, de là, cette ancienne frontière jusqu'au Danube, qu'elle rejoint à Rokovitza.

Cette délimitation sera fixée sur les lieux par la commission européenne où les puissances signataires seront représentées. Il est entendu :

Que cette commission prendra en considération la nécessité pour S. M. I. le sultan de pouvoir défendre les frontières du Balkan de la Roumélie orientale;

Qu'il ne pourra être élevé de fortifications dans un rayon de 10 kilomètres autour de Samakow.

ART. 3. — Le prince de Bulgarie sera librement élu par la population et confirmé par la Sublime Porte, avec l'assentiment des puissances. Aucun membre des dynasties régnantes des grandes puissances européennes ne pourra être élu prince de Bulgarie. En cas de vacance de la dignité princière, l'élection du nouveau prince se fera aux mêmes conditions et dans les mêmes formes.

ART. 4. — Une assemblée de notables de la Bulgarie

convoqués à Tirnovo, élaborera avant l'élection du prince le règlement organique de la principauté. Dans les localités où les Bulgares sont mêlés à des populations turques, roumaines, grecques, ou autres, il sera tenu compte des droits et des intérêts de ces populations en ce qui concerne les élections et l'élaboration du règlement organique.

Art. 5. — Les dispositions suivantes formeront la base du droit public de la Bulgarie. La distinction des croyances religieuses et des confessions ne pourra être opposée à personne comme un motif d'exclusion ou d'incapacité en ce qui concerne la jouissance des droits civils et politiques, l'admission aux emplois publics, fonctions et honneurs, ou l'exercice des différentes professions et industries, dans quelque localité que ce soit. La liberté et la pratique extérieure de tous les cultes sont assurées à tous les ressortissants de la Bulgarie aussi bien qu'aux étrangers, et aucune entrave ne pourra être apportée soit à l'organisation hiérarchique des différentes communions, soit à leurs rapports avec leurs chefs spirituels.

Art. 6. — L'administration provisoire de la Bulgarie sera dirigée, jusqu'à l'achèvement du règlement organique, par un commissaire impérial russe. Un commissaire ottoman, ainsi que les consuls délégués *ad hoc* par les autres puissances signataires du présent traité, seront appelés à l'assister, à l'effet de contrôler le fonctionnement de ce régime provisoire. En cas de dissentiments entre les consuls délégués, la majorité décidera, et, en cas de divergence entre cette majorité et le commissaire impérial russe ou le commissaire impérial ottoman, les représentants des puissances signataires à Constantinople, réunis en conférence, devront prononcer.

Art. 7. — Le régime provisoire ne pourra être prolongé au delà d'un délai de neuf mois à partir de l'échange des ratifications du présent traité. Lorsque le règlement

Varna, à partir de l'échange de ratification du présent
traité. Le règlement des comptes antérieurs est réservé
à une entente entre la Sublime Porte, le gouvernement
de la principauté et l'administration de cette Compagnie. La principauté de Bulgarie est de même substituée
pour sa part aux engagements que la Sublime Porte a
contractés tant envers l'Autriche-Hongrie qu'envers la
compagnie pour l'exploitation des chemins de fer de la
Turquie d'Europe, par rapport à l'achèvement et au
raccordement, ainsi qu'à l'exploitation des lignes ferrées situées sur son territoire. Les conventions nécessaires pour régler ces questions seront conclues entre
l'Autriche-Hongrie, la Porte, la Serbie et la principauté
de Bulgarie, immédiatement après la conclusion de la
paix.

Art. 11. — L'armée ottomane ne séjournera plus en
Bulgarie. Toutes les anciennes forteresses seront rasées, aux frais de la principauté, dans le délai d'un an,
ou plus tôt si faire se peut. Le gouvernement local
prendra immédiatement des mesures pour les détruire
et ne pourra en faire construire de nouvelles. La Sublime Porte aura le droit de disposer à sa guise du matériel de guerre et autres objets appartenant au gouvernement ottoman, et qui seraient restés dans les forteresses du Danube déjà évacuées en vertu de l'armistice du 31 janvier, ainsi que de ceux qui se trouvaient
dans les places fortes de Choumla et de Varna.

Art. 12. — Les propriétaires musulmans ou autres
qui fixeraient leur résidence personnelle hors de la principauté pourront y conserver leurs immeubles en les
affermant ou en les faisant administrer par des tiers.
Une commission turco-bulgare sera chargée de régler
dans le courant de deux années toutes les affaires relatives au mode d'aliénation, d'exploitation ou d'usage,
pour le compte de la Sublime Porte, des propriétés de
l'Etat et des fondations pieuses (vacoufs), ainsi que les
questions relatives aux intérêts des particuliers qui

pourraient s'y trouver engagés. Les ressortissants de la principauté de Bulgarie qui voyageront ou séjourneront dans les autres parties de l'empire ottoman seront soumis aux autorités et aux lois ottomanes.

ART. 13. — Il est formé au sud des Balkans une province qui prendra le nom de Roumélie orientale et qui restera placée sous l'autorité politique et militaire directe de S. M. I. le sultan, dans des conditions d'autonomie administrative. Elle aura un gouverneur général chrétien.

ART. 14. — La Roumélie orientale est limitée au nord et au nord-ouest par la Bulgarie et comprend les territoires inclus dans le tracé suivant :

Partant de la mer Noire, la ligne frontière remonte depuis son embouchure le thalweg du ruisseau près duquel se trouvent les villages Hodzakioj, Salam-Kioj, Aivadsilk-Kulibé, Sudzuluk, traverse obliquement la vallée du Deli Kamcik, passe au sud de Belibe et de Hemhalik et au nord de Hadzimahale, après avoir franchi le Deli Kamcik à deux kilomètres et demi en amont de Cengei, gagne la crête à un point situé entre Tekentik et Aidos Bredza et la suit par Karnabad Balkan, Prisevica Balkan, Bazan Balkan, au nord de Kotel jusqu'à Demir Kapu. Elle continue par la chaîne principale du Grand-Balkan, dont elle suit toute l'étendue jusqu'au sommet de Kosica.

A ce point la frontière occidentale de la Roumélie quitte la crête du Balkan, descend vers le sud entre les villages de Pirtop et de Duzanci, laissant l'un à la Bulgarie et l'autre à la Roumélie orientale, jusqu'au ruisseau de Tuzlu Dere, suit ce cours d'eau jusqu'à sa jonction avec la Topolnica, puis cette rivière jusqu'à son confluent avec Smovskio Dere, près du village de Petricevo, laissant à la Roumélie orientale une zone de 2 kilomètres de rayon en amont de ce confluent, remonte entre les ruisseaux de Smovskio Dere et la Kamenika, suivant la ligne de partage des eaux pour tourner au sud-ouest à la hauteur de Voinjak et gagner directement le point 875 de la carte de l'état-major autrichien.

La ligne frontière coupe en ligne droite le bassin supérieur du ruisseau d'Ichtiman Dere, passe entre Bogdina et Karaula pour retrouver la ligne de partage des eaux séparant les bassins de l'Isker et de la Marica, entre Camurli et Hadzilar, suit cette ligne par les sommets de Velina Mogila, le col 531, Zmailica Vrh, Sumnatica, et rejoint la limite du sandjak de Sofia entre Sivri Tas et Cadir Tepe.

La frontière de la Roumélie se sépare de celle de la Bulgarie au mont Cadir Tepe, en suivant la ligne de partage des eaux entre le bassin de la Marica et de ses affluents d'un côté, et du Mesta Karasu et de ses affluents de l'autre, et prend les directions du sud-est et sud, par la crête des montagnes Despoto Dagh, vers le mont Kruschowa (point de départ de la ligne du traité de San Stefano).

Du mont Kruschowa, la frontière se conforme au tracé déterminé par le traité de San Stefano ; c'est-à-dire la chaîne des Balkans noirs (Kara Balkan), les montagnes Kulaghy-Dagh, Eschek-Tschepellü, Karakolas et Ischiklar, d'où elle descend directement vers le sud-est pour rejoindre la rivière Arda, dont elle suit le thalweg jusqu'à un point situé près du village d'Adacali, qui reste à la Turquie.

De ce point, la ligne frontière gravit la crête de Bestepe Bagh, qu'elle suit pour descendre et traverser la Maritza à un point situé à 5 kilomètres en amont du pont de Mustafa-Pacha ; elle se dirige ensuite vers le nord par la ligne de partage des eaux entre Demirhanli Dere et les petits affluents de la Maritza jusqu'à Küdeler Baïr, d'où elle se dirige à l'est sur Sakar Baïr, de là traverse la vallée de la Tundza allant vers Büjük Derbend, elle reprend la ligne de partage des eaux entre les affluents de Tundza au nord et ceux de la Maritza

13.

au sud, jusqu'à hauteur de Kaibilar, qui reste à la Roumélie orientale, passe au sud de V. Almali entre le bassin de la Maritza au sud et différents cours d'eau qui se rendent directement vers la mer Noire, entre les villages de Belevrin et Alatli; elle suit au nord de Karanlik les crêtes de Vosna et Zuvak, la ligne qui sépare les eaux de la Dnka de celles du Karagac Su, et rejoint la mer Noire entre les deux rivières de ce nom.

ART. 15. — Sa Majesté le sultan aura le droit de pourvoir à la défense des frontières de terre et de mer de la province en élevant des fortifications sur ces frontières et en y entretenant des troupes. L'ordre intérieur est maintenu dans la Roumélie orientale par une gendarmerie indigène assistée d'une milice locale. Pour la composition de ces deux corps, dont les officiers sont nommés par le sultan, il sera tenu compte, suivant les localités, de la religion des habitants. Sa Majesté impériale le sultan s'engage à ne point employer de troupes irrégulières, tels que bachi-bouzouks ou Circassiens, dans les garnisons des frontières. Les troupes régulières destinées à ce service ne pourront, en aucun cas, être cantonnées chez les habitants; lorsqu'elles traverseront la province, elles ne pourront y faire de séjour.

ART. 16. — Le gouverneur général aura le droit d'appeler les troupes ottomanes dans les cas où la sécurité intérieure ou extérieure de la province serait menacée. Dans l'éventualité prévue, la Sublime-Porte devra donner connaissance de cette décision, ainsi que des nécessités qui la justifient, aux représentants des puissances à Constantinople.

ART. 17. — Le gouverneur général de la Roumélie orientale sera nommé par la Sublime-Porte, avec l'assentiment des puissances, pour un terme de cinq ans.

ART. 18. — Immédiatement après l'échange des ratifications du présent traité, une commission européenne sera formée pour élaborer, d'accord avec la Porte ottomane, l'organisation de la Roumélie orientale. Cette commission aura à déterminer, dans un délai de trois ans, les pouvoirs et les attributions du gouverneur général, ainsi que le régime administratif, judiciaire et financier de la province, en prenant pour point de départ les différentes lois sur les vilayets, et les propositions faites dans la huitième séance de la conférence de Constantinople. L'ensemble des dispositions arrêtées pour la Roumélie orientale fera l'objet d'un firman impérial qui sera promulgué par la Sublime Porte, et dont elle donnera communication aux puissances.

Art. 19. — La commission européenne sera chargée d'administrer, d'accord avec la Sublime Porte, les finances de la province jusqu'à l'achèvement de la nouvelle organisation.

Art. 20. — Les traités, conventions et arrangements internationaux, de quelque nature qu'ils soient, conclus ou à conclure entre la Porte et les puissances étrangères, seront applicables dans la Roumélie orientale comme dans tout l'empire ottoman. Les immunités et privilèges acquis aux étrangers, quelle que soit leur condition, seront respectés dans cette province. La Sublime Porte s'engage à y faire observer les lois générales de l'empire sur la liberté religieuse en faveur de tous les cultes.

Art. 21. — Les droits et obligations de la Sublime Porte, en ce qui concerne les chemins de fer dans la Roumélie orientale, sont maintenus intégralement.

Art. 22. — L'effectif du corps d'occupation russe en Bulgarie et dans la Roumélie orientale sera composé de six divisions d'infanterie et de deux divisions de cavalerie, et n'excédera pas 50,000 hommes. Il sera entretenu aux frais du pays occupé. Les troupes d'occupation conserveront leurs communications avec la Russie, non seulement par la Roumanie, d'après les arrangements à conclure entre les deux États, mais aussi par les ports de la mer Noire, Varna et Bourgas, où elles pourront organiser, pour la durée de l'occupation, les dépôts nécessaires.

La durée de l'occupation de la Roumélie orientale et de la Bulgarie par les troupes impériales russes est fixée à neuf mois à dater de la signature du présent traité. Le gouvernement impérial russe s'engage à terminer dans un délai ultérieur de trois mois le passage de ses troupes à travers la Roumanie, et l'évacuation complète de cette principauté.

Art. 23. — La Sublime Porte s'engage à appliquer scrupuleusement dans l'île de Crète le règlement organique de 1868, en y apportant les modifications qui seraient jugées équitables. Des règlements analogues, adaptés aux besoins locaux, sauf en ce qui concerne les exemptions d'impôt accordées à la Crète, seront également introduits dans les autres parties de la Turquie d'Europe pour lesquelles une organisation particulière n'a pas été prévue par le présent traité. La Sublime Porte chargera des commissions spéciales, au sein desquelles l'élément indigène sera largement représenté, d'élaborer les détails de ces nouveaux règlements dans chaque province. Les projets d'organisation résultant de ces travaux seront soumis à l'examen de la Sublime Porte qui, avant de promulguer les actes destinés à les mettre en vigueur, prendra l'avis de la commission européenne instituée pour la Roumélie orientale.

Art. 24. — Dans le cas où la Sublime Porte et la Grèce ne parviendraient pas à s'entendre sur la rectification de frontière indiquée dans le treizième protocole du congrès de Berlin, l'Allemagne, l'Autriche-Hongrie, la France, la Grande-Bretagne, l'Italie et la Russie se réservent d'offrir leur médiation aux deux parties pour faciliter les négociations.

Art. 25. — Les provinces de Bosnie et de l'Herzégovine seront occupées par l'Autriche-Hongrie. Le gouvernement d'Autriche-Hongrie, ne désirant pas se charger de l'administration du sanjak de Novi-Bazar, qui s'étend entre la Serbie et le Montenegro, dans la direction sud-est jusqu'au delà de Mitrovitza, l'administration ottomane continuera d'y fonctionner; néanmoins, afin d'assurer le maintien du nouvel état politique, ainsi que la liberté et la sécurité des voies de communication, l'Autriche-Hongrie se réserve le droit de tenir garnison et d'avoir des routes militaires et commerciales sur toute l'étendue de cette partie de l'ancien vilayet de Bosnie.

A cet effet, les gouvernements d'Autriche-Hongrie et de Turquie se réservent de s'entendre sur les détails.

Art. 26. — L'indépendance du Montenegro est reconnue par la Sublime Porte et par toutes celles des hautes parties contractantes qui ne l'avaient pas encore admise.

Art. 27. — Les hautes parties contractantes sont d'accord sur les conditions suivantes : dans le Montenegro, la distinction des croyances religieuses et des confessions ne pourra être opposée à personne comme un motif d'exclusion ou d'incapacité en ce qui concerne la jouissance des droits civils et politiques, l'admission aux emplois publics, fonctions et honneurs, ou l'exercice des différentes professions et industries, dans quelque localité que ce soit. La liberté et la pratique extérieure de tous les cultes seront assurées à tous les ressortissants du Montenegro aussi bien qu'aux étrangers, et aucune entrave ne pourra être apportée, soit à l'organisation hiérarchique des différentes communions, soit à leurs rapports avec leurs chefs spirituels.

Art. 28. — Les nouvelles frontières du Montenegro sont fixées ainsi qu'il suit : — Le tracé partant de l'Ilinobrdo, au nord de Klobuk, descend sur la Trebinjcica vers Grandcarevo, qui reste à l'Herzégovine, puis remonte le cours de cette rivière jusqu'à un point situé à un kilomètre en aval du confluent de la Cepelica, et de là rejoint, par la ligne la plus courte, les hauteurs qui bordent la Trebinjcica. Il se dirige ensuite vers Pilatova, laissant ce village au Montenegro, puis continue par les hauteurs dans la direction nord, en se maintenant autant que possible à une distance de six kilomètres de la route Bilek-Korito-Gačko jusqu'au col situé entre la Somina-Planina et le mont Curilo, d'où il se dirige à l'est par Vratkovici, laissant ce village à l'Herzégovine, jusqu'au mont Orline. A part de ce point, la frontière, laissant Ravno au Montenegro, s'avance directement par le nord-nord-est, en traversant les sommets du Lebersnik et du Volujak, qui descend par la ligne la plus courte sur la Piva qu'elle traverse, et rejoint la Tara en passant entre Crkvica et Nedvina.

De ce point elle remonte la Tara jusqu'à Mojkovac, d'où elle suit la crête du contre-fort jusqu'à Siskojezero. A partir de cette localité, elle se confond avec l'ancienne frontière jusqu'au village de Sekulare. De là la nouvelle frontière se dirige par les crêtes de la Mokra Planina, le village de Mohra restant au Montenegro, puis elle gagne le point 2,166 de la carte de l'état-major autrichien, en suivant la chaîne principale et la ligne de partage des eaux entre le Lom d'un côté et le Drin, ainsi que la Cievna (Zem) de l'autre. Elle se confond ensuite avec les limites actuelles entre la tribu des Kuci-Drekalovici d'un côté et la Kucka-Krajna, ainsi que les tribus des Klementi et Grudi de l'autre, jusqu'à la plaine de Podgorica, d'où elle se dirige sur Plavnica, laissant à l'Albanie les tribus des Klementi, Grudi et Hoti.

De là, la nouvelle frontière traverse le lac près de l'îlot de Gorica Topal, et à partir de Gorica Topal elle atteint directement les sommets de la crête, d'où elle suit la ligne du partage des eaux entre Megured et Kalimid, laissant Mirkovic au Montenegro, et rejoignant la mer Adriatique à V. Kruci. Au nord-ouest, le tracé sera formé par une ligne passant de la côte entre les villages Susana et Zubci, et aboutissant à la pointe extrême sud-est de la frontière actuelle du Montenegro sur la Vrutsa Planina.

Art. 29. — Antivari et son littoral sont annexés au Montenegro sous les conditions suivantes : Les contrées situées au sud de ce territoire, d'après la délimitation ci-dessus déterminée, jusqu'à la Bojana, y compris Dulcinjo, seront restituées à la Turquie. La commune de Spica, jusqu'à la limite septentrionale du territoire indiqué dans la description détaillée des frontières, sera incorporée à la Dalmatie. Il y aura pleine et entière liberté de navigation sur la Bojana pour le Montenegro. Il ne sera pas construit de fortifications sur le parcours de ce fleuve, à l'exception de celles qui seraient nécessaires à la défense locale de la place de Scutari, lesquelles ne s'étendront pas au delà d'une distance de six kilomètres de cette ville. Le Montenegro ne pourra avoir ni bâtiments ni pavillon de guerre. Le port d'Antivari et toutes les eaux du Montenegro resteront fermés aux bâtiments de guerre de toutes les nations.

Les fortifications situées entre le lac et le littoral sur le territoire monténégrin seront rasées, et il ne pourra en être élevé de nouvelles dans cette zone. La police maritime et sanitaire, tant à Antivari que le long de la côte du Montenegro, sera exercée par l'Autriche-Hongrie au moyen de bâtiments légers gardes-côtes. Le Montenegro adoptera la législation maritime en vigueur en Dalmatie. De son côté, l'Autriche-Hongrie s'engage à accorder sa protection consulaire au pavillon marchand monténégrin.

Le Montenegro devra s'entendre avec l'Autriche-Hongrie sur le droit de construire et d'entretenir à travers le nouveau territoire monténégrin une route et un chemin de fer. Une entière liberté de communication sera assurée sur ces voies.

Art. 30. — Les musulmans ou autres qui possèdent des propriétés dans les territoires annexés au Monténegro, et qui voudraient fixer leur résidence hors de la principauté, pourront conserver leurs immeubles en les affermant ou en les faisant administrer par des tiers. Personne ne pourra être exproprié que légalement, pour cause d'intérêt public et moyennant une indemnité préalable. Une commission gréco-monténégrine sera chargée de régler dans le terme de trois ans toutes les affaires relatives au mode d'aliénation, d'exploitation et d'usage pour le compte de la Sublime Porte, des propriétés de l'État et des fondations pieuses (vakoufs), ainsi que les questions relatives aux intérêts des particuliers qui s'y trouveraient engagés.

Aʀᴛ. 31. — La principauté du Monténégro s'entendra directement avec la Porte ottomane sur l'institution d'agents monténégrins à Constantinople et dans certaines localités de l'empire ottoman où la nécessité en sera reconnue.

Les Monténégrins voyageant ou séjournant dans l'empire ottoman seront soumis aux lois et aux autorités ottomanes, suivant les principes généraux du droit international et les usages établis concernant les Monténégrins.

Aʀᴛ. 32. — Les troupes du Monténégro seront tenues d'évacuer, dans un délai de vingt jours à partir de la ratification du présent traité, ou plus tôt si faire se peut, le territoire qu'elles occupent en ce moment en dehors des nouvelles limites de la principauté.

Les troupes ottomanes évacueront les territoires cédés au Monténégro dans le même délai de vingt jours. Il leur sera toutefois accordé un terme supplémentaire de quinze jours tant pour quitter les places fortes et pour en retirer les approvisionnements et le matériel que pour dresser l'inventaire des engins et objets qui ne pourraient être enlevés immédiatement.

Aʀᴛ. 33. — Le Monténégro devant supporter une partie de la dette publique ottomane pour les nouveaux territoires qui lui sont attribués par le traité de paix, les représentants des puissances à Constantinople en détermineront le montant de concert avec la Sublime Porte sur une base équitable.

Art. 34. — Les hautes parties contractantes reconnaissent l'indépendance de la principauté de Serbie en la rattachant aux conditions exposées dans l'article suivant.

Art. 35. — En Serbie, la distinction des croyances religieuses et des confessions ne pourra être opposée à personne comme un motif d'exclusion ou d'incapacité en ce qui concerne la jouissance des droits civils et politiques, l'admission aux emplois publics, fonctions et honneurs, où l'exercice des différentes professions et industries, dans quelque localité que ce soit. La liberté et la pratique extérieure de tous les cultes seront assurées à tous les ressortissants de la Serbie, aussi bien qu'aux étrangers, et aucune entrave ne pourra être apportée, soit à l'organisation hiérarchique des différentes communions, soit à leurs rapports avec leurs chefs spirituels.

Art. 36. — La Serbie reçoit les territoires inclus dans la délimitation ci-après : la nouvelle frontière suit le tracé actuel en remontant le thalweg de la Drina depuis son confluent avec la Save, laissant à la principauté le Mali Zwornik et Sakhar, et continue à longer l'ancienne limite de la Serbie jusqu'au Kopaonik, dont elle se détache au sommet du Kanilug. De là elle suit d'abord la limite occidentale du sandjak de Nisch par le contre-fort sud du Kapaonik, par les crêtes de la Marica et Madar Planina qui forment la ligne de partage des eaux entre les bassins de l'Ibar et de la Sitnica d'un côté et celui de la Toplica de l'autre, laissant Prepolac à la Turquie. Elle tourne ensuite vers le sud par la ligne du partage des eaux entre la Brvenica et la Medvedja, laissant tout le bassin de la Medvedja à la Serbie, suit la crête de la Goljak Planina (formant le partage des eaux entre la Kriva Rjeka d'un côté et la Poljanica, la Veternica et la Morawa de l'autre) jusqu'au sommet de la Poljanica. Puis elle se dirige par le contre-fort de la Karpina Planina jusqu'au confluent de la Koinska avec la Morawa, traverse cette rivière, remonte par la ligne de partage des eaux entre le ruisseau Koinska et le ruisseau qui tombe dans la Morawa, près de Naradavce, pour rejoindre la Planina Sv. Iljia au-dessus de Trgoviste. De ce point, elle suit la crête de Sv. Iljia jusqu'au mont Kljuc, passant par les points indiqués sur la carte par 1516 et 1517 et par la Babina Gora, et aboutit au mont Crni Vrh.

À partir du mont Crni Vrh, la nouvelle délimitation se confond avec celle de la Bulgarie, c'est-à-dire, la ligue frontière suit la ligne de partage des eaux entre la Struma et la Morawa par les sommets de Streser, Vlogrelo et Mesid Planina, rejoint par la Gacina, Crna Trova, Darkowska et Drainci planina, puis le Descani Kladanec, la ligne de partage des eaux de la Haute-Sukowa et de Morawa, va directement sur le Stol et en descend pour couper à 1,000 mètres au nord-ouest du village de Segusa, la route de Sofia à Pirot. Elle remonte en ligne droite sur la Vidlit Planina et de là sur le mont Radodina, dans la chaîne du Kodza-Balkan, laissant à la Serbie le village de Doikinci et à la Bulgarie celui de Senakos. Du sommet du mont Radocina, la frontière suit vers le nord-ouest la crête des Balkans par Ciprovac-Balkan, et Stara-Planina, jusqu'à l'ancienne frontière orientale de la principauté de Serbie près la Kula-Smiljova-cuka, et, de là, cette ancienne frontière jusqu'au Danube qu'elle rejoint à Rakovitza.

ART. 37. — Jusqu'à la conclusion de nouveaux arrangements, rien ne sera changé en Serbie aux conditions actuelles des relations commerciales de la principauté avec les pays étrangers. Aucun droit de transit ne sera prélevé sur les marchandises traversant la Serbie. Les immunités et privilèges des sujets étrangers, ainsi que les droits de juridiction et de protection consulaires, tels qu'ils existent aujourd'hui, resteront en pleine vigueur tant qu'ils n'auront pas été modifiés d'un commun accord entre la principauté et les puissances intéressées.

Art. 38. — La principauté de Serbie est substituée pour sa part aux engagements que la Sublime Porte a contractés tant envers l'Autriche-Hongrie qu'envers la compagnie pour l'exploitation des chemins de fer de la Turquie d'Europe par rapport à l'achèvement et au raccordement, ainsi qu'à l'exploitation des lignes ferrées à construire sur le territoire nouvellement acquis par la principauté. Les conventions nécessaires pour régler ces questions seront conclues immédiatement après la signature du présent traité entre l'Autriche-Hongrie, la Porte, la Serbie et, dans les limites de sa compétence, la principauté de Bulgarie.

Art. 39. — Les musulmans qui possèdent des propriétés dans les territoires annexés à la Serbie et qui voudraient fixer leur résidence hors de la principauté, pourront y conserver leurs immeubles en les affermant ou en les faisant administrer par des tiers. Une commission turco-serbe sera chargée de régler, dans le délai de trois années, toutes les affaires relatives au mode d'aliénation, d'exploitation ou d'usage, pour le compte de la Sublime Porte, des propriétés de l'État et des fondations pieuses, ainsi que les questions relatives aux intérêts des particuliers qui pourraient s'y trouver engagés.

Art. 40. — Jusqu'à la conclusion d'un traité entre la Turquie et la Serbie, les sujets serbes voyageant ou séjournant dans l'empire ottoman seront traités suivant les principes généraux du droit international.

Art. 41. — Les troupes serbes seront tenues d'évacuer dans le délai de quinze jours, à partir de l'échange de la ratification du présent traité, le territoire non compris dans les nouvelles limites de la principauté. Les troupes ottomanes évacueront les territoires cédés à la Serbie dans le même délai de quinze jours. Il leur sera toutefois accordé un terme supplémentaire du même nombre de jours, tant pour quitter les places fortes et pour en retirer les approvisionnements et le matériel, que pour dresser l'inventaire des engins et

des objets qui ne pourraient être enlevés immédiatement.

Art. 42. — La Serbie devant supporter une partie
de la dette publique ottomane pour les nouveaux territoires qui lui sont attribués par le présent traité, les
représentants à Constantinople en détermineront le
montant de concert avec la Sublime Porte, sur une base
équitable.

Art. 43. — Les hautes parties contractantes reconnaissent l'indépendance de la Roumanie en la rattachant aux conditions exposées dans les deux articles
suivants :

Art. 44. — En Roumanie, la distinction des croyances religieuses et des confessions ne pourra être opposée à personne comme un motif d'exclusion ou d'incapacité en ce qui concerne la jouissance des droits civils
et politiques, l'admission aux emplois publics, fonctions
et honneurs, ou l'exercice des différentes professions et
industries, dans quelque localité que ce soit. La liberté
et la pratique extérieure de tous les cultes seront
assurées à tous les ressortissants de l'Etat roumain
aussi bien qu'aux étrangers, et aucune entrave ne sera
apportée, soit à l'organisation hiérarchique des différentes communions, soit à leurs rapports avec leurs
chefs spirituels. Les nationaux de toutes les puissances,
commerçants ou autres, seront traités en Roumanie,
sans distinction de religion, sur le pied d'une parfaite
égalité.

Art. 45. — La principauté de Roumanie rétrocède à
S. M. l'empereur de Russie la portion du territoire de
la Bessarabie détachée de la Russie en suite du traité
de Paris de 1856, limitée à l'ouest par le thalweg du
Pruth, au midi par le thalweg du bras de Kilia et
l'embouchure de Stary Stamboul.

Art. 46. — Les îles formant le delta du Danube, ainsi
que l'île des Serpents, le sandjak de Toultcha, comprenant les districts (cazas) de Kilia, Soulina, Mahmoudié,

Isatcha, Toultcha, Matchin, Babadag, Hirsovo, Kustendje, Medjidié, sont réunis à la Roumanie. La principauté reçoit en outre le territoire situé au nord de la Dobroutcha jusqu'à une ligne ayant son point de départ à l'est de Silistrie et aboutissant à la mer Noire au sud de Mangalia. Le tracé de la frontière sera fixé sur les lieux par la commission européenne instituée pour la délimitation de la Bulgarie.

ART. 47. — La question du partage des eaux et des pêcheries sera soumise à l'arbitrage de la commission européenne du Danube.

ART. 48. — Aucun droit de transit ne sera prélevé en Roumanie sur les marchandises traversant la principauté.

ART. 49. — Des conventions pourront être conclues par la Roumanie pour régler les privilèges et les attributions des consuls en matière de protection dans la principauté. Les droits acquis resteront en vigueur tant qu'ils n'auront pas été modifiés d'un commun accord entre la principauté et les parties intéressées.

ART. 50. — Jusqu'à la conclusion d'un traité réglant les privilèges et attributions des consuls entre la Turquie et la Roumanie, les sujets roumains voyageant ou séjournant dans l'empire ottoman, et les sujets ottomans voyageant et séjournant en Roumanie jouiront des droits garantis aux sujets des autres puissances européennes.

ART. 51. — En ce qui concerne les entreprises des travaux publics et autres de même nature, la Roumanie sera substituée, pour tout le territoire cédé, aux droits et obligations de la Sublime Porte.

ART. 52. — Afin d'accroître les garanties assurées à la liberté de la navigation sur le Danube, reconnue comme étant d'intérêt ueropéen, les hautes parties contractantes décident que les forteresses ou fortifications qui se trouvent sur le parcours du fleuve depuis les Portes-de-Fer jusqu'à ses embouchures seront rasées et qu'il n'en sera pas élevé de nouvelles. Aucun bâtiment de guerre ne pourra naviguer sur le Danube en aval des Portes-de-Fer, à l'exception des bâtiments légers destinés à la police fluviale et au service des douanes. Les stationnaires des puissances aux embouchures du Danube pourront toutefois remonter jusqu'à Galatz.

Art. 53. — La commission européenne du Danube, au sein de laquelle la Roumanie sera représentée, est maintenue dans ses fonctions, et les exercera dorénavant jusqu'à Galatz dans une complète indépendance de l'autorité territoriale. Tous les traités, arrangements, actes et décisions relatifs à ses droits, privilèges, prérogatives et obligations sont confirmés.

Art. 54. — Une année avant l'expiration du terme assigné à la durée de la commission européenne, les puissances se mettront d'accord sur la prolongation de ses pouvoirs ou sur les modifications qu'elles jugeraient nécessaire d'y introduire.

Art. 55. — Les règlements de navigation, de police fluviale et de surveillance, depuis les Portes-de-Fer jusqu'à Galatz, seront élaborés par la commission européenne, assistée de délégués des États riverains, et mis en harmonie avec ceux qui ont été ou seraient édictés pour le parcours en aval de Galatz.

Art. 56. — La commission européenne du Danube s'entendra avec les ayants-droit pour assurer l'entretien du phare de l'île des Serpents.

Art. 57. — L'exécution des travaux destinés à faire disparaître les obstacles que les Portes-de-Fer et les cataractes opposent à la navigation est confiée à l'Autriche-Hongrie. Les États riverains de cette partie du fleuve accorderont toutes les facilités qui pourraient être requises dans l'intérêt des travaux. Les dispositions de l'article 6 du traité de Londres du 13 mars 1871, relativement au droit de percevoir une taxe provisoire pour couvrir les frais de ces travaux, sont maintenus en faveur de l'Autriche-Hongrie.

ART. 58. — La Sublime Porte cède à l'empire russe en Asie les territoires d'Ardahan, Kars et Batoum avec ce dernier port, ainsi que tous les territoires compris entre l'ancienne frontière russo-turque et le tracé suivant : la nouvelle frontière partant de la mer Noire, conformément à la ligne déterminée par le traité de San Stefano jusqu'à un point au nord-ouest de Khorda et au sud d'Artwin, se prolonge en ligne droite jusqu'à la rivière Schoroukh, traverse cette rivière et passe à l'est d'Aschmichew, en allant en ligne droite au sud pour rejoindre la frontière russe indiquée dans le traité de San Stefano à un point au sud de Nariman, en laissant la ville d'Olti à la Russie. Du point indiqué près de Nariman, la frontière tourne à l'est, passe par Tebrenek, qui reste à la Russie et s'avance jusqu'au Pennek Tschai. Elle suit cette rivière jusqu'à Bardouz, puis se dirige vers le sud, en laissant Bardouz et Jœnikioy à la Russie.

D'un point à l'ouest du village de Karaougan, la frontière se dirige sur Medjingert, de là, en ligne directe, vers le sommet de la montagne Kassadagh, elle longe la ligne de partage des eaux entre les affluents de l'Araxe au nord et ceux du Mourad Sou au sud jusqu'à l'ancienne frontière de la Russie.

ART. 59. — S. M. l'empereur de Russie déclare que son intention est d'ériger Batoum en port franc, essentiellement commercial.

ART. 60. — La vallée d'Alaschkert et la ville de Bayazid, cédées à la Russie par l'article 19 du traité de San Stefano, font retour à la Turquie. La Sublime Porte cède à la Perse la ville et le territoire de Khotour tel qu'il a été déterminé par la commission mixte anglo-russe pour la délimitation des frontières de la Turquie et de la Perse.

ART. 61. — La Sublime Porte s'engage à réaliser sans plus de retard les améliorations et les réformes qu'exigent les besoins locaux dans les provinces habitées par les Arméniens et à garantir leur sécurité contre les Circassiens et les Kurdes. Elle donnera connaissance périodiquement des mesures prises à cet effet aux puissances, qui en surveilleront l'application.

Art. 62. — La Sublime Porte ayant exprimé la volonté de maintenir le principe de la liberté religieuse en y donnant l'extension la plus large, les parties contractantes prennent acte de cette déclaration spontanée.

Dans aucune partie de l'empire ottoman, la différence de religion ne pourra être opposée à personne comme un motif d'exclusion ou d'incapacité en ce qui concerne l'usage des droits civils et politiques, l'admission aux emplois publics, fonctions et honneurs, ou l'exercice des différentes professions et industries. Tous seront admis, sans distinction de religion, à témoigner devant les tribunaux.

La liberté et la pratique extérieure de tous les cultes sont assurées à tous, et aucune entrave ne pourra être apportée soit à l'organisation hiérarchique des différentes communions, soit à leurs rapports avec leurs chefs spirituels.

Les ecclésiastiques, les pèlerins et les moines de toutes les nationalités voyageant dans la Turquie d'Europe ou la Turquie d'Asie jouiront des mêmes droits, avantages et privilèges.

Le droit de protection officielle est reconnu aux agents diplomatiques et consulaires des puissances en Turquie, tant à l'égard des personnes susmentionnées, que de leurs établissements religieux de bienfaisance et autres dans les Lieux Saints et ailleurs.

Les droits acquis à la France sont expressément réservés, et il est bien entendu qu'aucune atteinte ne saurait être portée au *statu quo* dans les Lieux Saints.

Les moines du mont Athos, quel que soit leur pays d'origine, seront maintenus dans leurs possessions et avantages antérieurs, et jouiront, sans aucune exception, d'une entière égalité de droits et de prérogatives.

Art. 63. — Le traité de Paris du 30 mai 1856, ainsi que le traité de Londres du 13 mars 1871, sont maintenus dans toutes celles de leurs dispositions qui ne sont pas abrogées ou modifiées par les stipulations qui précèdent.

Art. 64. — Le présent traité sera ratifié et les ratifications en seront échangées à Berlin dans un délai de trois semaines ou plus tôt si faire se peut.

En foi de quoi, les plénipotentiaires respectifs l'ont signé et y ont apposé le sceau de leurs armes.

Fait à Berlin, le treizième jour du mois de juillet mil huit cent soixante-dix-huit.

(L. S.) *Signé* :	BEACONSFIELD.
(L. S.)	SALISBURY.
(L. S.)	ODO RUSSEL.
(L. S.)	V. BISMARCK.
(L. S.)	B. BULOW.
(L. S.)	HOHENLOHE.
(L. S.)	KAROLYI.
(L. S.)	ANDRASSY.
(L. S.)	HAYMERLÉ.
(L. S.)	WADDINGTON.
(L. S.)	SAINT-VALLIER.
(L. S.)	H. DESPREZ.
(L. S.)	L. CORTI.
(L. S.)	LAUNAY.
(L. S.)	GORTCHAKOF.
(L. S.)	SCHOUVALOF.
(L. S.)	P. D'OUBRIL.
(L. S.)	AL. CARATHÉODORY
(L. S.)	MEHEMED-ALI.
(L. S.)	SADOULLAH.

Certifié conforme à l'original :

Signé : RADOWITZ.

Mouy.

14

TABLE DES MATIÈRES

ERNEST THORIN, ÉDITEUR

DIEHL (Charles). Études sur l'administration byzantine
dans l'Exarchat de Ravenne (568-751) 1 vol. in-8. 10 fr.

DUMONT (Albert). Journal de la campagne que le grand
vizir Ali-Pacha a faite en 1715 pour la conquête de la Morée, publié pour la première fois d'après le manuscrit
de Brue, 1 vol. in-12 . . . . 3 fr. 50

LAIR (Adolphe-Émile). Des hautes cours politiques en
France et à l'étranger et de la mise en accusation du
Président de la République et des ministres. *Étude de
droit constitutionnel et d'histoire politique*, 1 vol. grand
in-8 raisin (1889) . . . . 10 fr.

MARRAST (Augustin). La vie byzantine au vi^e siècle. Pré-
face et commentaires par Adrien Planté, ancien magis-
trat, 1 vol. in-8 . . . . 8 fr.

PETIT DE JULLEVILLE (L.) Histoire de la Grèce sous la
domination romaine. *Deuxième édition*, revue et augmen-
tée, 1 vol. in-18 jésus . . . . 3 fr. 50

IMPRIMERIE GÉNÉRALE DE CHATILLON-SUR-SEINE. — A. PÉPIN.

www.ingramcontent.com/pod-product-compliance
Ingram Content Group UK Ltd.
Pitfield, Milton Keynes, MK11 3LW, UK
UKHW021511090726
13657UKWH00001B/163